Luciano Canfora Franco Cardini
Elena Cattaneo Anna Foa Nicola Lagioia
Marco Revelli Aldo Schiavone
Gustavo Zagrebelsky

La biblioteca di Raskolnikov

Libri e idee per un'identità democratica

a cura di Simonetta Fiori

Einaudi

Simonetta Fiori, per tanti anni inviata di «la Repubblica» dove continua a scrivere di temi culturali. Ha curato per Laterza due libri-intervista: *Il grande silenzio* con Alberto Asor Rosa e *Italiani senza padri* con Emilio Gentile. È autrice dei docufilm *Inge Film* su Inge Feltrinelli (con Luca Scarsella, Feltrinelli) e *Repubblica primo amore* su Eugenio Scalfari (Gedi). Da Guanda ha pubblicato *La testa e il cuore. L'amore in trenta storie*. Nel 2009 ha vinto il Premiolino.

Prefazione
di Simonetta Fiori

Questo libro è stato pensato in un passaggio particolare della storia d'Italia, mentre sul fondo s'avvertono sinistri i rumori di cedimento della casa dove abitiamo da quasi ottant'anni. Scricchiolii che arrivano dalle stesse fondamenta, con la scomparsa della Resistenza dal lessico civile della destra populista al governo. Cosí come appaiono condannate al tramonto alcune bussole della coscienza democratica, insieme a quel delicato equilibrio di pesi e contrappesi per cui tanto si sono battuti i nostri padri costituenti. La sensazione è che qualcosa di molto prezioso stia morendo, nel torpore di una pubblica opinione fragile e spaesata.

Eccesso di pessimismo? Per farsi un'idea dello stato di salute della democrazia, è necessario leggere il saggio di Gustavo Zagrebelsky che chiude questo volume. L'epoca del fervore democratico è finita, ci mette in guardia lo studioso. La stessa parola ha perduto quell'aura di felicità che l'ha accompagnata nel lungo dopoguerra fin dal crollo delle dittature. La democrazia c'è e non c'è, può nascere e può morire, perché è sempre il frutto della storia. E, a dispetto delle inopinate tesi di Francis Fukuyama, la storia non finisce, non può congelarsi. E allora bisogna vigilare su ogni minimo segnale di crisi, perché il rischio di un'infezione autoritaria è sempre in agguato, quasi connaturato alla fisionomia stessa del corpo democratico. E se l'organismo è debole, ripiegato su sé stesso, incline ad assuefazione e apatia, il virus è destinato a prevalere.

Esistono ovviamente gli anticorpi. Ma come si costruisce una mentalità democratica? Attraverso quali letture si coltiva un'identità civile e culturale capace di fronteggiare le tempeste del presente, intravvedendone per tempo le minacce? Ci sono saggi e romanzi che piú di altri abbiano la forza di trasmettere l'idea di democrazia nel suo significato di resistenza? Abbiamo chiesto a otto intellettuali di indicarci le bussole della loro navigazione, scegliendo le opere sopravvissute alle catastrofi della storia. E di affiancare allo scaffale dei classici i nuovi titoli che possano orientare un giovane lettore di oggi, tra guerre, rivoluzioni tecnologiche e apocalissi climatiche. Ne è scaturita una biblioteca democratica di straordinaria varietà, dove la letteratura non è ancillare rispetto alla storia e all'economia. Perché nessuno piú di Dostoevskij è capace di inoltrarsi nei recessi bui della coscienza – il male esiste e dobbiamo conoscerlo –, nessuno piú di Calvino ha saputo dare forma narrativa alla distanza storica tra partigiani e ragazzi di Salò. E solo con Primo Levi usciamo dalla notte oscura del Novecento con l'attrezzatura morale attraverso la quale leggere il mondo.

La democrazia è fondata sulla pluralità di idee e visioni, senza controcanto non esisterebbe. Ed è proprio la forma stessa del romanzo – nel coro polifonico dei vari personaggi – a immunizzarci da conformismi e pensieri unici, a farci conoscere il diverso, a insegnarci la tolleranza, a «scartavetrare» ipocrisie e luoghi comuni. È uno scrittore, Nicola Lagioia, a ricordarci che l'immersione nell'immaginario di chi è distante da noi è sempre un esercizio di democrazia. Anche quando si tratta di canaglie, torturatori, anime oscure. Senza Raskolnikov non sapremmo cosa passa per la testa di un assassino. E senza Thomas Sutpen non conosceremmo le pulsioni di un carnefice razzista. Dostoevskij e Faulkner, certo, ma anche Kafka, Nabokov, Melville: chi meglio di loro ci fa sentire «nella grande barca dell'umanità»?

Non è molto diverso il metodo democratico che si desume dalla scienza, sfida permanente all'ignoto, alle difficoltà quotidiane, ai nostri pregiudizi. Nella biblioteca di Elena Cattaneo, frutto dell'incontro con i premi Nobel della Medicina e della Biologia, ritroviamo gli stessi principî con cui Norberto Bobbio sintetizza l'identità democratica: l'inquietudine della ricerca, il pungolo del dubbio, la volontà del dialogo, lo spirito critico, l'impegno non negoziabile di tutelare l'interesse pubblico. Una buona democrazia non può fare a meno di una buona scienza, ammonisce Cattaneo. E quando prevalgono le ondate irrazionali – al rogo i vaccini insieme alla carne coltivata – è anche una questione di *bias*, di vincoli cognitivi. E allora bisogna saperlo, insieme al Nobel Daniel Kahneman, che i nostri cervelli sono ancora fermi alla preistoria, non molto diversi da quelli dei nostri antichi progenitori delle savane, quando uno stormir di fronde li sospingeva a rinchiudersi nelle caverne. La paura è un istinto naturale. La politica ha il compito non di assecondarla ma di governarla, nella tensione costante alle nuove frontiere del progresso. Vale per la scienza, ma anche per i comportamenti sociali e civili.

E dei classici del pensiero che ne facciamo? Togliamo via la polvere, anche quella depositata dalle sciagure della storia, o li condanniamo alla cantina? Aldo Schiavone ci racconta che senza Marx è impossibile pensare la democrazia. Sí, proprio lui, l'autore del *Capitale*, il cui nome è legato a immani tragedie del Novecento. È stato grazie alla lettura di Marx che lo studioso ha compreso un principio oggi più che mai irrinunciabile: guai se l'idea di democrazia si limita al rispetto di una procedura solo formale – pure importantissima – senza farsi carico della vita materiale delle persone. Democrazia formale, democrazia sostanziale: è una questione dibattuta da svariati decenni. L'articolo 3 della Costituzione è forse quello piú citato nel nostro scaffale democratico, l'appello a rimuovere gli ostacoli di ordine economico e sociale che di fatto impediscono alle persone di essere eguali. Ma è anche l'articolo piú disatteso, e qui sta il grave vulnus della nostra democrazia. La rimozione di quegli ostacoli, nella permanente aspirazione alla giustizia sociale, è un processo senza fine che implica conflitto e coincide con lo sviluppo stesso della storia. Ne è convinto Luciano Canfora, il quale ricorre a un saggio di Roberto Michels e all'apologo del tesoro sepolto. Un padre morente confida ai figli che nel campo avito è sepolto un tesoro: il tesoro in realtà non si trova, ma la sua ricerca comporta il sollevamento di tutte le zolle, con l'effetto di accrescerne la fertilità. Il valore non sta nella ricchezza nascosta, ma in quel perseverante lavoro sul terreno per renderlo piú fecondo.

Un lavoro faticosissimo quello che si richiede ai democratici, armati di buona pazienza e di buone capacità di ascolto. E qui ci soccorre un classico della cultura liberalsocialista, *Filosofia del dialogo* di Guido Calogero. Marco Revelli lo lesse da ragazzo – immerso nella cultura resistenziale del padre Nuto – ma lo ritiene un libro capace di parlare ancora ai ventenni di oggi, prigionieri di un discorso pubblico polarizzato tra retoriche opposte, o bianco o nero, al bando sottigliezze e sfumature. La cultura è dialogo, confronto, apertura. Non prevede occupazione né asservimento alla politica: qui Bobbio continua a essere un maestro. Non c'è qualcuno che dà le carte, gli altri ridotti a spettatori passivi.

La volontà di comprendere impone l'ascolto anche di chi ha percorso strade lontane da una geografia tradizionalmente progressista. È il caso di Franco Cardini che nel suo saggio arriva a mettere in discussione la superiorità della democrazia, «la mistica del migliore dei sistemi possibili». E tra i suoi libri di formazione indica autori sideralmente estranei a una biblioteca democratica, come Julius Evola accostato a Lévi-Strauss per la sua apertura a culture diverse da quelle occidentali. Ma è anche per questo che bisogna mettersi in ascolto, conservando il dissenso ma trovando alcuni punti convergenti come la ricerca di un mondo senza «inequità», in compagnia di Amartya Sen e papa Francesco.

Santi e carnefici, cattolici e laici, umanisti e scienziati, sinistra e destra, uomini e donne. Ci sono i Vangeli e la Carta costituzionale, nella nostra biblioteca democratica. Ci sono soprattutto eretici, apostati, i tanti marchiati con lo stigma del tradimento perché capaci di scelte controcorrente. Libri che parlano di minoranze e diversità perché – come rimarca Anna Foa – è da loro che arriva il vaccino contro la dittatura delle maggioranze. Figlia di famiglia antifascista – il padre Vittorio ebreo e costituente, la mamma Lisa partigiana – Foa ci racconta di chi subí «l'estremo oltraggio del campo di sterminio», testimoni di un secolo passato che si prolunga nel nostro. La parola democrazia in questi libri non compare quasi mai, ma tutti ci ricordano che per ciascuno di noi «c'è sempre il momento della scelta». E in fondo è nella libertà di scegliere l'essenza stessa della democrazia. Liberi anche di cogliere i preoccupanti rumori di fondo, nella speranza che le minacce sulla vecchia casa siano solo intemperie destinate a passare.

La biblioteca di Raskolnikov

Nicola Lagioia

Perché la democrazia non può fare a meno della letteratura

Nicola Lagioia è nato a Bari. Tra i suoi romanzi *Riportando tutto a casa*, Einaudi, Torino 2009 (Premio Viareggio-Rèpaci, Premio Vittorini, Premio Volponi), *La ferocia*, Einaudi, Torino 2014 (Premio Strega, Premio Mondello), *La città dei vivi*, Einaudi, Torino 2020 (Premio A. Leogrande, Premio Bottari Lattes, Premio Napoli). Dal 2017 al 2023 ha diretto il Salone Internazionale del Libro di Torino. Ha lavorato in diverse case editrici. Dirige la rivista culturale «Lucy». È tra le voci di *Pagina 3*, la rassegna stampa culturale di Radio Rai 3. È stato selezionatore e giurato alla Mostra d'Arte Cinematografica di Venezia. I suoi libri sono tradotti in venti Paesi.

Da ragazzo ho amato molto William Burroughs. Erano spesso zone oscure, quelle in cui conduceva il lettore, enigmi in attesa di soluzione. Per esempio, quando affermava che il linguaggio è un virus. Non capivo di preciso cosa volesse dire, fino a quando non ho visto i politici italiani esprimersi su quello che fino a qualche tempo fa era Twitter (oggi «X»).

I comizi elettorali, all'epoca della ricostruzione, mettevano a frutto abilità e presenza scenica dei politici che salivano sul palco. Le grigie tribune televisive al tempo della Dc e del Pci davano un senso alla piattezza retorica. Piú tardi, le colorate arringhe sui canali commerciali inaugurarono l'èra della brillantezza (e dello charme e, qualche volta, dell'aggressività) come occasione persuasiva. Ma è stato con i social che la stupidità conclamata degli scriventi (chiamando a sé i bassi istinti dei lettori) si è fatta, per la politica, uno strumento di consenso.

Non credo che i nostri rappresentanti siano dei perfetti idioti. L'intelligenza è media quasi ovunque. Ma nel momento in cui demagogia, menzogna, infantilismo, semplificazione, ricatto, crudeltà, violenza, delazione, viltà, deficit logico, etico, semiotico, interpretativo sono diventati, tutti insieme, la matrice della comunicazione necessaria a esistere sui social per la politica istituzionale, mi è stato chiaro che oltre una certa soglia non erano piú i nostri rappresentanti a scrivere. Non sono solo loro a usare Twitter – ho realizzato, sovrapponendo *La macchina morbida* alla Bestia –, è il social a usarli, cedendo poi una quota di dividendi in forma di consenso. Per meglio dire: i politici, mentre inseguono il consenso, *sono parlati da Twitter* e cosí diventano, nell'atto dello scrivere, un tutt'uno con quel codice linguistico. Mentre il virus del linguaggio li possiede, si trasformano in fenomeni allarmanti: sembrano dei bot coprolalici, a differenza di chat Gpt potrebbero non passare il test di Turing. Poi però la sera tornano a casa, vanno a letto, si addormentano e sognano come ciascun essere umano.

Nel momento in cui l'uso di un linguaggio sotto la soglia dell'idiozia precedentemente tollerata diventa efficace per il raggiungimento dello scopo (e lo scopo, per la politica, è la persuasione, costi quel che costi), molti rappresentanti se ne faranno interpreti per ridurre le probabilità di venire sconfitti dagli avversari. In seguito, continueranno a usare quel linguaggio facendovi sempre meno caso, ammorbidendo e infine tacitando in sé l'allarme dovuto alla dissociazione tra ciò in cui credono (o anche, semplicemente, lo standard medio di decenza cui aspirano) e l'universo di senso (o di macabro nonsense) prodotto da ciò che «si stanno lasciando dire». Un conto è mentire sapendo di farlo (l'Harry Lime del *Terzo uomo*). Altro è venire agiti dal virus. Il quale, come si sa, è contagioso.

La letteratura, che pure è fatta di linguaggio, non punta alla persuasione. Questo mi è stato chiaro sin dalle prime letture in grado di segnarmi. Dostoevskij, Kafka, Woolf, Landolfi, Rosselli. La letteratura cerca la comprensione dei fenomeni di cui si occupa, ama la dissacrazione, aspira a essere un'ascia per «rompere il mare di ghiaccio dentro di noi», mina i luoghi comuni, scartavetra le ipocrisie che incrostano il tessuto sociale, diverte, intrattiene, commuove, mette a nudo, prova a svelare ciò che è nascosto, ci fa sbattere il muso contro qualche amara verità, ma sempre (se vale qualcosa) si contrappone alla retorica persuasiva del discorso pubblico. Fa sí presa sul lettore, ma non diventa un virus.

Oggi il discorso pubblico è una protesi appena presentabile del proclama politico, il quale a sua volta è diventato una macabra mutazione dell'advertising (altra caratteristica dei virus: *mutano*). La pubblicità, come la politica, ha la pretesa di dire la verità attraverso ciò che di quella verità è il tradimento quasi certo: la persuasione. La letteratura, al contrario, dichiara esplicitamente la propria menzogna – proprio per questo, rischia ogni tanto di inciampare in qualche verità. E poiché il tipo di discorso pubblico di cui stiamo parlando, nella terza decade del XXI secolo (l'epoca del trionfo della demagogia on line), inizia a erodere la democrazia dall'interno, il discorso letterario, per questo tipo di virus, è un vaccino ancora efficace.

La letteratura condivide insomma con il discorso pubblico l'alfabeto, non il suo uso.

La letteratura può dunque davvero aiutare la democrazia? Sarebbe bene che non dovesse farlo. È una domanda insidiosa, che non ho mai amato affrontare. Tenderei a credere che non porsi scopi edificanti sia l'unico sistema attraverso cui alla letteratura può capitare di perseguirne uno.

1. *La forma plurale del romanzo.*

La letteratura è piú antica della democrazia. Potrebbe farne a meno. La democrazia può sempre provare a tuffarsi nel grande fiume della letteratura per riemergerne vivificata. Basti pensare al romanzo: è una forma plurale, si fonda sulla moltiplicazione di voci, idee, punti di vista tra loro contrastanti. Anche la democrazia è plurale, senza un controcanto non esisterebbe – l'opposizione, non il governo, è la sua garanzia. In democrazia ogni opinione è lecita. Per il romanzo ogni temperamento (non ne parliamo, delle opinioni) è un motivo di ricchezza.

La letteratura ci fa sentire tutti nella grande barca dell'umanità. Immerso nei romanzi, arrivavo (come tante e tanti prima e dopo di me) a empatizzare con assassini (Raskolnikov), pedofili (Humbert Humbert), mitomani (Emma Bovary), proletari (Cosetta), imperatori (Adriano), anime oscure (Heathcliff), spiriti demoniaci (Macbeth), monomaniaci (Achab). Lo Stato di diritto, in una democrazia, riconosce la piena dignità anche degli uomini e delle donne che delinquono. Non deve giudicarli sul piano morale (questo lo fa lo «Stato etico»), applica la legge.

«Di tutte le parti del corpo bisogna controllare soprattutto il dito indice, perché è assetato di biasimo», scrive Iosif Brodskij.

Quando ho scritto che la letteratura può fare a meno della democrazia, sono stato un po' troppo disinvolto. Si possono scrivere capolavori alla corte degli imperatori, degli zar, dei dogi, dei papi, dei re. Non si può tuttavia scrivere liberamente di zar, di dogi, di re, di papi, quando si è alla loro corte. Scagliarsi contro le storture del sistema democratico, contro i suoi rappresentanti se li si considera indegni, o contro i loro partiti politici, non solo è lecito in una democrazia, ma incoraggiato, perlomeno sul piano teorico. *L'orologio* di Carlo Levi. *Todo modo* di Leonardo Sciascia. *La giornata d'uno scrutatore* di Italo Calvino. La democrazia si ritiene rafforzata dalle critiche. Anzi: senza critica e dissenso, la democrazia cessa di funzionare.

Come se la passa la letteratura fuori dalla democrazia?

Va bene scrivere *I fratelli Karamazov* sotto Alessandro II. Quando però arriviamo ai totalitarismi, la letteratura sopra un minimo livello di decenza è bandita del tutto. L'Unione Sovietica di Stalin, la Germania di Hitler, non producono scrittori che non siano anche dissidenti o martiri.

Anche per la letteratura, dunque, la democrazia è il peggior sistema di governo a eccezione di tutti gli altri. La letteratura offre alla democrazia continua ispirazione. La democrazia garantisce alla letteratura protezione.

2. *Conoscere il male per combatterlo.*

La letteratura non di rado ha a che fare con il male. Molto spesso racconta le vicende di vere e proprie canaglie. Mettersi nei panni dell'avversario è un antichissimo esercizio letterario da cui la democrazia dovrebbe trarre beneficio.

Consideriamo una delle piú odiose forme di razzismo contemporaneo, il suprematismo bianco. Quando ci fu l'omicidio di George Floyd, negli Stati Uniti, si disse che molti poliziotti avrebbero dovuto essere culturalmente rieducati.

«Rieducare», questa parola scivolosa.

Il razzismo va combattuto, i poliziotti razzisti vanno puniti, il corpo stesso della polizia può essere riformato dopo fatti cosí gravi, ma la battaglia culturale non sarà mai del tutto vinta se non si avrà anche il coraggio (e il cervello, e il cuore, e la grandezza d'animo) di entrare nella testa del poliziotto bianco e razzista. Non, tuttavia, come si avanzerebbe tra le linee delle armate nemiche. Bisogna *sentire* l'odio di quel poliziotto, il suo pregiudizio, la sua reale (per quanto assurda) paura dell'altro. Bisognerebbe *arrivare a sentirlo* come si può sentirlo in un fratello che ci sconcerta o, in modo piú profondo – inaccettabile e poi miracolosamente accettato, in una dimensione metafisica –, come se *noi* fossimo *lui*. È solo da qui, da questa dimensione condivisa (una dimensione invisibile, dove tutto è consentito) che si può cominciare a decostruire sul serio il razzismo.

Bisogna sprofondare nella storia delle vittime, e questa è *Amatissima* di Toni Morrison.

Ma è necessario ascoltare anche il cuore del carnefice, e questo è Thomas Sutpen in *Assalonne, Assalonne!* di William Faulkner.

Dopo questi difficili esercizi, è possibile cambiare qualcosa.

3. *La lezione dei quattro evangelisti.*

Restiamo negli Stati Uniti. Quando fu eletto presidente dell'Unione, Barack Obama realizzò il desiderio di intervistare Marilynne Robinson, la sua scrittrice preferita. Robinson è un'erede di William Faulkner e di Toni Morrison, un'ideale compagna di strada di Cormac McCarthy. A differenza di tutti loro, la religione cristiana non è per lei solo lo sfondo morale (e mitico) del racconto letterario. Il cristianesimo per Marilynne Robinson è anche una fede dichiarata, nonché uno degli argomenti dei suoi libri. *Gilead* e *Lila* sono rari esempi di romanzi di argomento religioso in grado di parlare a tutti, e risultare contemporanei (cioè non ridicoli) a cavallo tra XX e XXI secolo.

In uno dei momenti piú interessanti dell'intervista di Obama, la scrittrice afferma che la democrazia si fonda sulla fiducia tra esseri umani, sulla convinzione che le persone cerchino di agire per il bene (qui Robinson ricalca Simone Weil quando scriveva: «qualcosa, in fondo al cuore di ogni essere umano, nonostante l'esperienza dei crimini compiuti, sofferti e osservati, si aspetta invincibilmente che le venga fatto del bene e non del male»). Questa fiducia, continua la scrittrice, è affine alla fede religiosa: credere che gli esseri umani siano immagini divine ci impedisce di spegnere del tutto in noi quel tipo di aspettativa. In questo modo, conclude, la democrazia è l'inevitabile conseguenza di un certo tipo di umanesimo religioso.

Religione e democrazia hanno però anche cattivi trascorsi. In alcune parti del mondo convivono pacificamente (anzi, si potrebbe dire che l'autorità morale di cui la religione si fa portatrice può a volte dare sostegno ad alcuni principî democratici). In altre regioni però, al contrario, la religione resta uno dei peggiori nemici della democrazia, per non parlare della letteratura. Cosa c'è di democratico nel sentimento religioso dell'ayatollah Ali Khamenei? E in quello del patriarca russo Kirill?

Possiamo forse provare a riflettere su come la vocazione corale di alcune religioni può dialogare con i principî democratici. Il cristianesimo, per il discorso che stiamo facendo, risulta molto suggestivo nel suo farsi racconto letterario.

Tre giorni dopo la crocifissione, Maria di Magdala cammina fino al sepolcro dove è stato deposto Gesú. Lo trova vuoto. La pietra è rotolata via dall'ingresso. Lí dentro non c'è niente. Il sentimento luttuoso che affligge la donna viene aggredito dalla paura. Nello sgomento, tuttavia, scintilla una speranza. Quando Gesú si ripresenta trasfigurato ai suoi discepoli, questi faticano a riconoscerlo. Sono impauriti, hanno ragione. Gli sta per essere scaraventata addosso una responsabilità di cui potrebbero non essere all'altezza. Il loro maestro li aveva avvertiti. Durante l'ultima cena Gesú spezza il pane, dice che è il suo corpo, rivolge ai discepoli un invito impossibile: «fate questo in memoria di me».

Già, ma a quale tipo di memoria (e di voce) è affidata la sua richiesta? La lingua alata di Giovanni? Il resoconto di Marco? L'eloquenza di Luca? Il continuo tentativo di leggere la novità attraverso la tradizione di Matteo? E poi, chi c'era di preciso davanti a quel sepolcro? Qui la confusione regna sovrana. Luca dice: «Maria Maddalena, Giovanna e Maria madre di Giacomo». Matteo sostiene: «Maria di Magdala e l'altra Maria». Marco parla di «Maria di Magdala, Maria madre di Giacomo e Salomè». Giovanni afferma «Maria di Magdala» e basta.

Se neanche gli evangelisti riescono a mettersi d'accordo, se offrono versioni differenti della medesima storia, se non riescono a unificare la memoria su un evento cosí importante, quale speranza abbiamo noi di raccontare la «vera storia»? (Sono le storie a tenere uniti i popoli, è il loro potere attrattivo, finché dura, a impedire che l'entropia svolga il suo ruolo e la disgregazione abbia la meglio).

O forse, al contrario, bisognerebbe dire che affidare il racconto a piú voci è l'unico modo per mantenerlo vivo. *È bene* dunque che gli evangelisti dicano cose diverse. *È bene* che tentennino. *È bene* che ricordino qualcosa e non ricordino altro. *È bene* che la memoria, in loro, sia una voce da interrogare di continuo e, nondimeno sia una voce che di continuo li interroga. È bene, soprattutto, che siano almeno in quattro.

La vocazione polifonica del romanzo, abbiamo detto, può essere d'ispirazione per la democrazia. A propria volta il cristianesimo (che non sempre ha amato il romanzo, e di cui il romanzo ha spesso voluto essere l'efficace parodia) ha contribuito a offrire alla letteratura moderna una – tra le possibili – base teorica.

4. *Cancellature e omissioni.*

I problemi per la democrazia cominciano quando la voce (e la forza) che racconta la storia diventa unica. Le storie tengono insieme i popoli, è vero, ma possono farlo anche in modo orribile.

Uno degli incipit piú incisivi nella letteratura europea del secondo Novecento si trova in un romanzo di Milan Kundera, uno scrittore che pur definendosi impolitico («Lei è comunista, signor Kundera?» «No, sono un romanziere». «È un dissidente?» «No, sono un romanziere». «È di sinistra o di destra?» «Né l'uno, né l'altro. Sono un romanziere») è stato costretto a riflettere a lungo su democrazia e regimi autoritari.

Il libro del riso e dell'oblio fu pubblicato per la prima volta nel 1978. Inizia con un episodio di trent'anni prima, quando un dirigente comunista, Klement Gottwald, si affaccia dal balcone di un palazzo di Praga per parlare a centinaia di migliaia di persone. Gottwald è circondato da funzionari, colleghi, compagni, e proprio accanto a lui, su quel balcone, c'è Vlado Clementis, ministro degli Esteri.

Nei mesi successivi, la propaganda diffuse la fotografia di quell'evento in centinaia di migliaia di esemplari. «Su quel balcone, – scrive Kundera, – cominciò la storia della Cecoslovacchia comunista». Chiunque aveva visto quella foto, anche i bambini. Quattro anni dopo, però, Vlado Clementis fu arrestato. Era accusato di «deviazionismo nazionalista». Fu impiccato. Cosa fare della sua memoria? «La sezione propaganda, – scrive sempre Kundera, – lo cancellò immediatamente dalla storia e, naturalmente, anche da tutte le fotografie. Da allora Gottwald, su quel balcone, ci sta da solo».

I regimi riscrivono la Storia elevando omissioni e cancellature al rango di necessità. La bieca alternanza di cancellatura e riscrittura è il lievito dei totalitarismi, del complottismo piú sfrenato (che dei totalitarismi può essere il precursore), della propaganda piú ignobile e della manipolazione.

Il romanzo è quella forma narrativa che aspira a raccontare la storia della foto cancellata.

5. *I nuovi eroi della ritirata.*

I miti fondativi dei regimi puzzano di terra e sangue.

Le democrazie profumano di compromesso.

Da questo punto di vista, un libro importante nella mia formazione di cittadino, e nella messa a fuoco di come funziona una democrazia, è stato *Anatomia di un istante* di Javier Cercas.

Cercas racconta il tentato golpe in Spagna del 1981, quando un manipolo (bisogna dire: piuttosto sgangherato) di militari irruppe nel Parlamento con le armi in pugno e iniziò a sparare per aria. Tutti si tuffarono terrorizzati sotto i banchi. Solo tre uomini rimasero in piedi a difendere la democrazia: il primo ministro Adolfo Suárez, il tenente generale Gutiérrez Mellado, il segretario del Partito comunista Santiago Carrillo. Tre uomini che piú diversi uno dall'altro non potevano essere.

Cercas si concentra soprattutto su Suárez: è lui che i golpisti vogliono colpire, visto come ha cercato di smantellare in breve tempo il franchismo (a livello politico, amministrativo, burocratico) dalla macchina statale spagnola. Suárez è un padre della patria, tra i fondatori della democrazia spagnola. Ma che tipo di eroe è? È un duro e puro? Un idealista dentro cui brucia il fuoco della libertà e della giustizia sociale? Un martire? Un santo? Niente affatto. Suárez è innanzitutto un ex franchista, e poi è un trasformista, un voltagabbana, un istrione, un ipnotizzatore di folle, un seduttore, un magliaro, un giocatore delle tre carte, un maestro del compromesso e dell'inganno, il quale, proprio in virtú di queste doti, vince la sua battaglia politica. Un eroe dalla coscienza immacolata non sarebbe riuscito a farlo! Mentre su un piano classico, scrive Cercas, abbiamo «l'eroe del trionfo e della conquista, un idealista dai principî chiari e irrinunciabili», l'eroe dei nostri tempi è al contrario *un eroe della ritirata*, «pervaso dal dubbio, si barcamena tra compromessi e negoziati» fino a quando non ottiene un risultato che lo trascende.

Che meravigliosa lezione morale! E quale rovesciamento, rispetto all'idiozia del discorso pubblico con cui ho iniziato queste riflessioni, un discorso sempre piú polarizzato secondo cui saremmo inevitabilmente eroi o vigliacchi, santi o demoni, geni o mediocri, gettando alle ortiche sfumature, ambiguità e contraddizioni senza le quali l'uomo stesso (e il gioco democratico, che tenta per approssimazione di esserne lo specchio) non c'è piú.

6. *L'antiretorica di Fenoglio.*

La democrazia non è un racconto letterario.

La letteratura non è un manifesto politico, non è la prosecuzione di un editoriale impegnato sulla prima pagina di un quotidiano, non è un atto giudiziario in forma narrativa, non è uno slogan diviso in capitoli, non è una chiamata all'indignazione, non ha la pretesa di mobilitare le masse, non vuole rovesciare governi o promuovere referendum, non cerca di difendere la Costituzione, né spera di formare cittadini responsabili. Non volendolo fare, può capitare che lo faccia.

Una questione privata e *Il partigiano Johnny* di Beppe Fenoglio sono diventati due romanzi centrali per la letteratura italiana del Novecento. Sono anche due riferimenti per il nostro antifascismo, ma questo alla lunga è successo proprio perché lo scopo di Fenoglio, scrivendoli, non era la difesa a spada tratta della nascente democrazia italiana. Le storie di Fenoglio (che al referendum votò monarchia) non hanno nulla di istituzionale, retorico, edulcorato, organico, sono piene di contraddizioni, di zone grigie, di sporcature. Non si fanno intimidire dalle raccomandazioni linguistiche della loro epoca (una su tutte, chiamare «guerra civile» ciò che accadde in Italia tra l'8 settembre 1943 e piazzale Loreto). Nemico giurato del fascismo, Fenoglio fu a lungo avversato dal Pci.

7. *Se la forza arriva dal futuro.*

La letteratura non scongiura il disastro. *La montagna incantata* di Thomas Mann non riesce certo a evitare l'ascesa del Terzo Reich. Non riescono a farlo Franz Kafka o Paul Celan, o – forza che viene dal passato e dal futuro – Emily Dickinson. E tuttavia, è *anche* grazie alla letteratura, *anche* grazie a libri come *La montagna incantata*, o alle parabole di Franz Kafka, o alle poesie di Emily Dickinson o di Paul Celan (la vittima che si trovò a scrivere usando la lingua dei carnefici), o alle riflessioni di Primo Levi, se siamo ancora in grado di riconoscerci, gli uni attraverso gli altri, come esseri umani, nonostante i disastri che seminiamo lungo il nostro cammino. L'esatto contrario di ciò che affermava Adorno.

La letteratura non vuole raddrizzare gli uomini. Si limita a raccontarli. Cosí facendo, gli riconosce (fosse anche solo, agendo nell'inferno del presente, per il futuro dei non ancora nati) la possibilità di una piena – e misteriosamente intatta – dignità.

Siamo su territori diversi rispetto a quelli su cui naviga a vista la democrazia quotidiana, ma gli articoli 2 e 3 della nostra Costituzione sarebbero impensabili senza guardare verso quel tipo di altezze.

8. *Dare un volto agli invisibili.*

«All'analfabeta per cui scrivo».

È forse, nel suo sublime paradosso, la piú bella dedica che si può trovare in un romanzo. Apre *La storia* di Elsa Morante.

Un compito che la letteratura può darsi, e a cui la democrazia non può restare insensibile, è quello di «testimoniare per chi non può farlo». Se la Storia la scrivono i vincitori, la letteratura si occupa spesso di chi sta fuori dal racconto principale. O della parte in ombra di chi è al centro. Yourcenar restituisce sí la storia di Adriano, ma lo fa spogliandolo dalle vesti imperiali, lo riconsegna alla sua fragilità di uomo. Morante racconta gli umili, gli oppressi, i calpestati, parte dal presupposto che proprio chi subisce la Storia («uno scandalo che dura da diecimila anni») ne sia il narratore piú attendibile, a cui chi scrive presta voce.

Occuparsi di chi sta fuori, degli invisibili, dei marginali, degli ultimi, è un dovere per ogni democrazia. La democrazia dovrebbe poter essere il racconto di tutte e di tutti.

Arriviamo alla vertigine di Primo Levi in *I sommersi e i salvati*, quando, parlando di Auschwitz, dichiara che non sono quelli come lui i veri testimoni del disastro. E allora chi?, verrebbe da chiedere.

I «testimoni integrali», scrive Levi, sono coloro davanti ai quali si chiusero le porte delle camere a gas: «lo ripeto, non siamo noi, i superstiti, i testimoni veri [...] noi sopravvissuti siamo una minoranza anomala oltre che esigua: siamo quelli che [...] non hanno toccato il fondo

[...]. Chi lo ha fatto, chi ha visto la Gorgone, non è tornato per raccontare, o è tornato muto, ma sono loro [...] i testimoni integrali, coloro la cui deposizione avrebbe avuto significato generale».

Ci troviamo nel paradosso per il quale i veri testimoni sono coloro che non possono testimoniare. Di qua, il ruolo vicario della letteratura. Non solo restituire – come si diceva all'inizio – la pluralità di punti di vista che riempiono di voci il mondo, ma dare voce a chi è muto o cancellato. E questa è un'altra aspirazione democratica che, certe volte, la letteratura realizza con pienezza.

9. *L'ombra della violenza originaria.*

Ma la letteratura, come si diceva, è anteriore alla democrazia. Ed è nata per occuparsi di problemi piú vasti.

Se abbandoniamo per un attimo la Storia e ci addentriamo nella piú ampia e misteriosa memoria di specie – e sprofondiamo poi nella memoria animale, un mare ancora piú esteso e piú profondo – ci rendiamo conto che il suo vero elemento unificante è la maledizione della catena alimentare. Siamo inchiodati alla necessità di distruggere ciò che ci sta intorno. Dobbiamo consumare mentre il tempo ci consuma, abbiamo bisogno di divorare, di masticare, di digerire, di espellere. Il nostro desiderio di rimanere vivi affonda nella brutalità. Ammiriamo la fotosintesi, ma ciò che abbiamo ricevuto per sopravvivere è una clava. La letteratura occidentale comincia del resto con una storia di guerra. La storia di guerra comincia a propria volta col piú futile e infantile dei litigi: quello tra Achille e Agamennone.

Per millenni la violenza è stata una garanzia della sopravvivenza della specie umana. Dovevamo cacciare per non essere cacciati. Dovevamo trasformarci in predatori per non ridurci a prede. Dovevamo scatenare la guerra per non subirla. Oggi abbiamo delle alternative. Abbiamo sviluppato un sistema (politico, giuridico, economico, sociale, morale, religioso) capace di allontanarci dagli aspetti piú brutali di quelle necessità. La civiltà consisterebbe nell'emancipazione progressiva dai nostri abissi infernali. Gli strumenti (e i dispositivi) utili a questa emancipazione, tuttavia, possono essere messi a punto molto piú velocemente rispetto a quanto non evolva in parallelo il nostro corredo genetico, antropologico, sentimentale, istintuale, che invece si muove con molta piú lentezza. Ci troviamo nella paradossale situazione di essere meno evoluti delle nostre protesi. L'ombra della violenza originaria ce la portiamo ancora dentro.

Sono secoli che facciamo risalire a noi quest'ombra, la evochiamo nel tentativo di esorcizzarla, o quantomeno cerchiamo di favorire una «riduzione del danno». La «produzione del danno» è ciò a cui la natura ci richiama, come un maestro crudele che voglia riportarci con i piedi per terra. Ma sollevarci dalla nuda terra è il nostro sogno, si potrebbe anzi dire che la lotta contro le forze della natura è tipica della *nostra natura*, la natura umana, che difatti è tormentata e ribelle.

A che punto è la lotta? Siamo tenuti al giogo, o c'è una via d'uscita? Forse le storie possono aiutarci a capirlo.

E tuttavia ci sono storie e storie. Ci sono dispositivi linguistici che ci incatenano alla brutalità riportandoci pericolosamente vicino a quella violenza originaria (il caso di Twitter a uso della politica istituzionale), e poi ci sono narrazioni di tipo diverso. Ci sono storie che opprimono. Ci sono storie che cercano di liberarci.

In un brevissimo racconto contenuto in una raccolta intitolata *Elogio dell'ombra*, Jorge Luis Borges riscrive uno dei miti fondativi della violenza di cui parlavo. La vicenda di Caino e Abele.

Nel suo racconto, Borges immagina che Caino e Abele si rivedano dopo la morte di Abele. «Camminavano nel deserto e si riconobbero da lontano, perché erano ambedue molto alti». I due fratelli si riconoscono, siedono in terra, accendono un fuoco e iniziano a mangiare. Alla luce delle fiamme, Caino nota sulla fronte di Abele il segno della pietra. Lascia cadere per terra il pane che sta per portare alla bocca e chiede che gli venga perdonato il suo peccato. Abele risponde: «Tu hai ucciso me, o io ho ucciso te? Non ricordo piú: stiamo qui insieme come prima». Caino dice: «Ora so che mi hai perdonato davvero [...] perché dimenticare è perdonare. Anch'io cercherò di scordare».

Intanto Abele è riuscito a perdonare Caino perché ha bevuto le acque del Lete, il fiume in cui i morti dell'*Eneide* si tuffano per dimenticare le vite passate. Il Lete è una figura retorica. E cosí si può forse dimenticare (perdonare rispecchiandosi nel perdono altrui, disinnescare in noi la furia distruttiva, sciogliere il nodo della violenza originaria) perfino mentre siamo in vita.

In questi casi la letteratura prova a spingersi in territori interdetti alla democrazia, nel luogo oscuro e remoto dove, centinaia di migliaia di anni fa, abbiamo stretto un patto brutale con la natura. Quel patto ci rappresenta fino a prova contraria. La letteratura, pure quando è ambientata nel futuro, ci parla anche da quel passato, si rituffa in quelle profondità, ci fa entrare nella dimensione invisibile dentro cui è possibile capire, volta per volta, se e quanto quel patto si può rinegoziare.

La democrazia non può spingersi laggiú. La letteratura *deve* farlo. Deve immergersi nell'abisso (oppure ritrovarlo in superficie), e poi venirci a riferire ciò che ha visto. La democrazia farebbe bene ad ascoltare quel racconto.

Elena Cattaneo

Il metodo della scienza per la democrazia

Farmacologa e biologa, Elena Cattaneo è Accademica dei Lincei e insegna all'Università Statale di Milano, dove dirige il laboratorio di Biologia delle cellule staminali. Oltre a numerosi articoli scientifici sulla còrea di Huntington, ha pubblicato *Ogni giorno. Tra scienza e politica*, Mondadori, Milano 2016 e *Armati di scienza*, Raffaello Cortina, Milano 2021. Nel 2013 è stata nominata senatrice a vita, terza donna dopo Camilla Ravera e Rita Levi-Montalcini, di cui ha curato l'introduzione e la ripubblicazione del volume *Ngf. La Molecola della Vita*, Istituto dell'Enciclopedia Treccani, Roma 2019.

Da scienziata da sempre impegnata nel campo delle scienze della vita, ho chiara la percezione di come l'identità biologica di ciascun individuo sia fenomenale per unicità, complessità e potenzialità. E proprio la straordinaria tensione biologica che porta la nostra specie, fin dalle sue origini, ad avere «fame» di apprendimento fa sí che la conoscenza, trasfusa nella scrittura per sopravvivere a noi ed essere diffusa, veda nei libri la forma perfetta – capace di resistere e convivere anche con le piú recenti innovazioni tecnologiche – affinché storie, informazioni, nozioni possano divenire parte integrante dell'identità di ciascuno. Senza i libri che nella vita ho letto, che mi hanno accompagnata, talvolta scossa e spesso appassionata, mi mancherebbe molta parte di quella che oggi è la mia identità culturale, personale e professionale; sicuramente mi mancherebbero gli strumenti cognitivi essenziali per essere una cittadina partecipe della vita civile di un Paese democratico la cui storia, inventiva e civiltà sono ammirate nel mondo. Alla domanda su quali siano i libri fondamentali per orientarsi nella complessità del presente, rispetto alle sfide che si pongono alla democrazia, non ho una risposta univoca; per molti aspetti, rispetto a tanti colleghi umanisti, la mia formazione non è forse la piú adatta a offrire al lettore uno sguardo sistematico per orientarsi in secoli – e basterebbe il solo Novecento –

di speculazione storica, filosofica e politologica di straordinaria densità.

Quelle che, con questo scritto, ho il piacere di condividere sono le suggestioni e le «ancore letterarie» a cui spesso faccio riferimento, nella mia vita professionale e civile di tutti i giorni.

«Se non facciamo buona scienza probabilmente non stiamo praticando una buona democrazia, e viceversa», scriveva Dennis Overbye, fisico ed editorialista del «New York Times». Dopo quasi trent'anni di ricerca, ho imparato che si continua a diventare scienziati, giorno dopo giorno, sentendo la responsabilità verso la propria attività di ricerca, le persone, le speranze, i fondi che, a valle di una libera competizione delle idee, ci vengono affidati per progredire. Si impara l'audacia di dubitare (anche delle proprie idee) e la temerarietà di dissentire. Il fare «buona scienza» ci impone di avere un bagaglio personale di idee e concetti a cui fare riferimento per poter costruire un quadro etico forte, in modo da non perderci e – pur nell'incertezza della strada da percorrere – avere il coraggio e l'orgoglio di fare un nuovo passo, nell'interesse di tutti, verso l'ignoto.

1. *Il diritto di sbagliare.*

«Che meraviglioso stimolo sarebbe per il principiante se il suo maestro, invece di stupirlo con la sublimità [la parola usata nella versione originale è *sublimity*], delle grandi conquiste del passato, rivelasse piuttosto l'origine di ogni scoperta scientifica, la serie di errori e passi falsi che l'hanno preceduta». Queste parole sono del Nobel per la Medicina Santiago Ramón y Cajal, da molti considerato il «padre» delle moderne neuroscienze. Le scrisse nel 1897, anno di pubblicazione del suo libro *Advice for a*

Young Investigator (in italiano, *Regole e consigli sulla ricerca scientifica*), eppure suonano straordinariamente attuali e necessarie in un Paese, come il nostro, dove piú del 7 per cento degli studenti ogni anno sceglie di non proseguire il proprio corso di studi (dati dell'ufficio statistico del ministero dell'Università e della Ricerca per l'anno accademico 2021-2022), e da alcune regioni arrivano dati a doppia cifra su abbandono scolastico e dispersione.

Dietro questi scoraggianti numeri ci sono le vite, le passioni e le aspettative di tanti giovani di cui è necessario prendersi cura, ma c'è anche il rischio di un impoverimento culturale, sociale ed economico di tutti, e soprattutto della nostra democrazia. Accanto alle ragioni per le quali un giovane può sentirsi inadeguato per il corso di studi che ha cominciato, sarebbe interessante indagare sulle sue scelte successive, ovvero capire come ha reagito a questo «stop» imprevisto lungo il percorso che aveva immaginato per realizzare un sogno o un'aspirazione. Come si reagisce a un fallimento? Quanta consapevolezza c'è, in quel giovane, del fatto che è capitato a tanti altri prima di lui (e a tanti altri capiterà ancora) di intraprendere una strada che si è rivelata sbagliata? È esattamente di questo che parla Ramón y Cajal: l'importanza di rendere tutti consapevoli che esiste un «diritto di sbagliare». Anche lo studioso piú eminente e di maggior talento, ci spiega, «è, in ultima analisi, un essere umano come tutti gli altri»: anche lui ha deragliato, si è fermato, ha ricominciato, anche lui è inciampato lungo la strada.

Il libro di Ramón y Cajal è fra i testi che hanno influenzato di piú il mio modo di vivere la scienza, l'attività di ricerca e anche quella di divulgazione. Mi ha aiutata a comprendere che ogni tentativo di spingersi un po' piú in là, alla frontiera della conoscenza, comporta piú fallimenti che conquiste, piú errori che successi. Io ne ho vissuti tanti, ne ho sofferto, ho fatto fatica ad accettarli, ma ogni volta ho reinvestito la mia passione nella ricerca di una via nuova da sperimentare. E di quegli errori ho sempre cercato di lasciare una traccia pubblica e documentata, cosí che altri, dopo di me, potessero conoscerli ed evitare di commetterli a loro volta. Solo se riconosciuto e studiato, l'errore può trasformarsi in un'occasione di riflessione e crescita, in un indizio che aiuta a capire come migliorare.

Con l'esperienza ho imparato che la scienza ti mette alla prova ogni giorno e che bisogna davvero avere una inesauribile sete di conoscenza per accettare di passare tanto tempo dietro al bancone del laboratorio, di sopportare una continua tensione fisica oltre che mentale, di trascorrere lunghi periodi a studiare e sperimentare la stessa strada, tentando di verificare ogni ipotesi e percorrendo ogni sentiero per dimostrarne la fondatezza. Il metodo della scienza esige che, una volta elaborata la teoria, debba arrivare quello che spesso chiamiamo «l'esperimento killer»: quell'esperimento o, piú spesso, quella lunga serie di esperimenti che, facendo leva sui punti deboli emersi nel corso del lavoro svolto, cerca di distruggere in ogni modo tutto quello che si è faticosamente costruito.

Provare a scardinare la nostra ipotesi e i nostri risultati con tutte le forze è il modo piú affidabile che abbiamo per capirne la solidità e per dimostrare se siano davvero in grado di reggere il confronto con la realtà. Dopo averci provato, e se l'ipotesi continua a essere sufficientemente solida da resistere, pubblichiamo quel risultato, cioè lo mettiamo in mano al resto della comunità scientifica fornendo a tutti, in maniera trasparente, i dati per provare a verificarne ulteriormente l'impianto e l'esito. Centinaia di migliaia di occhi guarderanno al nostro risultato pubblico, molte menti e mani cercheranno di replicarlo (condizione essenziale perché sia valido scientificamente) o distruggerlo a loro volta, per poi – verificata la sua solidità – percorrere il prossimo metro di strada, con lo stesso procedimento. È la *peer review*, la revisione da parte dei nostri pari, un pilastro del funzionamento della ricerca. Sembra crudele, ma la scienza non può che funzionare cosí. Chiedendo passione e assiduità e poi consegnando al mondo semplicemente un dato, quello che meglio risponde alle prove di quel momento, e non ai desideri di chi ha compiuto la ricerca. A rendere importante quel dato non è il suo contributo alla notorietà di chi lo ha scoperto e raggiunto; la soddisfazione personale dello scienziato non è e non può essere il fine ultimo della fatica, del tempo e dell'impegno necessari a validare quel nuovo pezzettino di conoscenza che questi ha sottratto all'ignoto. La scienza, infatti, si realizza pienamente solo nella sua dimensione sociale, quando contribuisce ad arricchire il patrimonio di conoscenza della comunità.

2. *Etica e responsabilità dello scienziato.*

Uno dei libri piú consultati e sottolineati della mia libreria è *Per un'etica della conoscenza* di Jacques Monod, biologo francese, premio Nobel per la Medicina nel 1965. Il passaggio che sento piú mio, e che rappresenta la cornice di ogni mia iniziativa pubblica, è quello in cui Monod specifica che, quando nei nostri laboratori facciamo ricerca e scopriamo le cose che nessuno conosce, lo facciamo sulla base di «un impegno tacito, ma non negoziabile, a essere sinceri, a dire come stanno le cose», a riportare i fatti, a mettere in atto ogni comportamento affinché si aprano spazi di libertà che permettano a ogni idea razionale di essere messa a confronto con le altre e a essere valutata.

Le parole di Monod riguardano ogni studioso anche perché spiegano, in maniera inequivocabile, che il metodo scientifico non deve essere condizionato da interferenze o interessi di alcun genere. Quelle parole sono la mia bussola. L'autore ci avverte che la ricerca scientifica, in tutti i campi, è una sfida continua: sfida all'ignoto nel momento in cui arriva l'intuizione che dà il via all'indagine, sfida alle difficoltà quotidiane dell'attività di ricerca, sfida, infine, alle nostre emozioni, convinzioni e pregiudizi nel momento in cui dal bancone del laboratorio arriva un risultato diverso da quello atteso. Quel risultato non si può ignorare, manipolare, «negoziare» in alcun modo: è essenziale che, a una grandissima libertà di esplorare l'ignoto, si accompagni un altrettanto grande senso di responsabilità e affidabilità che si concretizza attraverso il metodo della scienza.

Esso obbliga a immaginare la strada per poi mettere in fila, comporre e sviluppare ogni ipotizzabile esperimento per capire se è quella giusta. Numerosi saranno i fallimenti; continui, anche se millimetrici, i passi avanti. Di ogni passo sperimentale deve restare una traccia, che deve essere trasparente – cioè non invisibile, ma al contrario visibilissima –, cosí come la rendicontazione continua delle risorse utilizzate. I risultati ottenuti andranno poi raccolti, analizzati e decodificati perché emerga il significato piú plausibile. Quei dati dovranno splendere sotto la luce del sole, dovranno essere verificabili, ripetibili, pubblici, di tutti. Chiunque ne potrà mettere alla prova la solidità, oppure, se non convinto, contestarli. Naturalmente, la premessa indispensabile è che si debbano portare, a conferma o a contestazione, altrettante prove altrettanto valide.

3. *L'arma della parola.*

Lo ripeto: come studiosi, abbiamo avuto il mandato di studiare – con il sostegno pubblico – per scoprire ciò che nessuno ancora conosce, e con questo assumiamo un impegno tacito, ma non negoziabile, a essere sinceri nei confronti dei singoli e della società. «L'arma» che abbiamo per rispettare questo impegno è la voce, quindi la parola. E questo l'ho capito con particolare chiarezza quando sono entrata in Senato la prima volta, trovandomi di fronte a quello che, per me, è stato un enorme cambio di prospettiva. Nella mia attività accademica e di ricerca, infatti, ero sempre stata abituata a sviluppare le mie presentazioni con diapositive, che fosse di fronte agli studenti oppure nei congressi scientifici. Invece, quando il o la presidente del Senato ti dà la parola, tu ti alzi, ma resti al tuo posto; non vai al podio, perché il podio non c'è per nessuno. Si resta tutti alla pari. Il microfono si accende, ma tu non puoi accompagnare il discorso con immagini o diapositive, non vedi le espressioni di chi ti ascolta perché non hai il «pubblico» davanti a te; la luce nell'Aula non si spegne per concentrarsi su di te, ma resta accesa su tutto l'arco parlamentare. È un'immagine che mi piace molto, perché aiuta a comprendere concretamente come lo strumento piú importante sia la parola, raccolta da quel microfono. È lí che si compie la democrazia, con la tua voce che arriva all'Aula e, da lí, all'esterno; una voce declinata come meglio si ritiene per attirare l'attenzione dei colleghi, ma anche dei cittadini, sui propri ragionamenti.

La parola, dunque, è l'arma a nostra disposizione per difendere i diritti e le libertà (nostre e altrui) e conquistarne di nuove, ed è uguale per tutti, almeno nel nostro Paese, garantita a tutti, riconosciuta a ogni cittadino, docente, ricercatore, studente per l'uso responsabile e documentato che vorrà farne. Non è poco. E – non va mai dimenticato – non è cosí ovunque.

Lungo tutto il corso della mia carriera scientifica, mi sono trovata – da diretta interessata o da testimone – di fronte a ingiustizie, manipolazioni e deragliamenti dall'equità, dalla trasparenza, dalla garanzia di pari opportunità per tutti. In quei momenti non ho mai esitato a usare la mia voce, a prendere la parola per denunciare quelle condotte.

Nel 2001 denunciai una commissione coordinata dall'Istituto superiore di sanità per erogare fondi pubblici per la ricerca sulle staminali, perché alcuni dei progetti presentati risultavano riconducibili ai componenti della commissione giudicatrice – i quali, quindi, avrebbero dovuto giudicare sé stessi. Il mio progetto risultò tra i vincitori, ma chiesi comunque l'annullamento di quella selezione. Nel 2006 la questione approdò in Parlamento: il sottosegretario alla Salute di allora confermò l'inappropriatezza di tali procedure.

Nel 2007 denunciai insieme ad altri colleghi un tentativo di distribuire fondi pubblici senza una *public call* che avrebbe garantito la corretta competizione tra idee e progetti. Scrivemmo all'allora ministro della Salute, che, a valle di quella nostra denuncia, non firmò il provvedimento che avrebbe consentito quel «colpo di mano» a spese delle risorse pubbliche.

Nel 2009, con Elisabetta Cerbai dell'Università di Firenze e Silvia Garagna dell'Università di Pavia (le uniche, tra i tanti colleghi che avevo interpellato e tentato di coinvolgere, che accettarono di unirsi a me), feci ricorso contro un bando pubblico che escludeva, senza alcuna ragione scientifica, progetti che prevedevano l'impiego di cellule staminali embrionali umane, il cui uso nella ricerca è perfettamente legale nel nostro Paese, oltre che essere scientificamente rilevante.

4. *«Grazie, ma resto in piedi»*.

Il 2023 è stato il decennale dalla scomparsa di Rita Levi-Montalcini: per i pochi che non la conoscessero, basti dire che è stata una neurologa italiana, insignita del premio Nobel per la Medicina nel 1986 per aver scoperto e illustrato il fattore di accrescimento della fibra nervosa noto come Ngf, nominata senatrice a vita nel 2001. La sua autobiografia *Elogio dell'imperfezione* mi ha accompagnata per anni, da giovane ricercatrice, accrescendo in me il fascino per le neuroscienze, e mi ha permesso di immergermi come mai prima nella dimensione storica di una delle piú grandi tragedie del Novecento: la persecuzione degli ebrei.

Rita lascia l'Italia nel '39, ma un anno dopo torna a Torino e nella sua stanza da letto, sulla scrivania, allestisce un piccolo laboratorio composto da tre oggetti: un incubatore per le uova, un microscopio, un bagnetto riscaldato per sciogliere la cera. Con tutto il suo intelletto e la sua genialità, voleva usare quei mezzi rudimentali per studiare come i neuroni del sistema nervoso si collegano agli arti periferici. Ma cosa aveva visto Rita in questa linea di ricerca? Non certo una cura, ma «solo» l'irresistibile possibilità di conquistare un pezzo di conoscenza in piú.

Rita ebbe un grande maestro, Giuseppe Levi, che un giorno le raccomandò – senza ulteriori indicazioni – la lettura di un articolo scientifico di Viktor Hamburger, un grande studioso tedesco che lavorava negli Usa sugli embrioni di pollo. L'autore descriveva cosa succedeva ai neuroni del sistema nervoso che normalmente si collegano agli arti periferici quando l'arto periferico veniva rimosso precocemente, durante la fase embrionale. Guardando l'embrione sei giorni dopo la rimozione, Hamburger osservò che, senza arto da innervare, i neuroni non si formavano piú. Questo gli fece concludere che fosse il tessuto muscolare dell'arto in sviluppo a produrre un segnale induttore della formazione delle cellule nervose. Ma, come spesso accade nella scienza, qualche tempo dopo, in un luogo diverso del mondo, qualcuno guardò a quelle stesse ricerche con occhi diversi. Questo qualcuno era la giovane Rita, nella sua stanza da letto.

Armata di quei tre oggetti, Rita è determinata a ripetere l'esperimento di Hamburger: nel 1940, mentre su Torino cadono le bombe, con un ago da cucito incide una finestrella nel guscio delle uova fecondate, per vedere l'embrione dentro e rimuovere l'abbozzo dell'arto, come aveva fatto lui. Ma Rita decide di procedere diversamente: invece di aspettare una settimana, fa osservazioni giorno dopo giorno, analizzando ogni volta un set di embrioni che avevano subito la rimozione dell'arto. E cosí scopre quello che nessuno prima di lei aveva capito. Non è vero che i neuroni non si formano, come sosteneva Hamburger: si formano, mandano il loro prolungamento verso il «bersaglio», ma a quel punto – non essendoci piú l'arto e il fattore «trofico» poi ipotizzato da Rita – degenerano. «Stai dicendo che il grande Hamburger avrebbe torto?» Cosí deve aver tuonato il suo maestro Giuseppe Levi.

In effetti, la giovane e sconosciuta italiana aveva compreso ciò che al grande e affermato scienziato tedesco era sfuggito. Ci vollero, tuttavia, altri quindici anni prima che Rita, arrivata negli Stati Uniti, riuscisse a scoprire con un sufficiente grado di certezza la molecola che garantisce tutto questo, vale a dire il *nerve growth factor* (Ngf). Oggi, grazie alla forza di Rita e del suo team e all'intuizione scientifica e imprenditoriale di un'azienda italiana, la Dompé farmaceutici, l'Ngf è diventato un farmaco efficace per il trattamento di alcune gravi patologie oculari.

Tutti noi beneficiamo dei risultati delle ricerche di coloro che studiano per capire e trovare soluzioni anche a problemi che non si sono ancora presentati. Ce lo ha dimostrato, da ultimo, il vaccino anti-Covid messo a punto in appena un anno, ma solo grazie ai precedenti vent'anni di ricerca di base. È questo il lascito piú forte di Rita Levi-Montalcini, che il nostro Paese fatica a far proprio: investire nelle idee a prescindere dalla loro «utilità» immediata garantisce armi per affrontare il futuro senza paura.

Quando mi capita di parlare ai ragazzi delle circostanze in cui sono nate le scoperte di Rita, cito spesso le parole con cui rispondeva a chi le domandava come fosse riuscita a fare quel che ha fatto, nonostante guerra e persecuzioni. «A me nella vita tutto è riuscito facile. Le difficoltà – diceva – me le sono scrollate di dosso come acqua sulle ali di un'anatra». Un manifesto di vita a disposizione di tutti coloro che lo vorranno cogliere. Non una spinta alla superficialità dell'ignorare o negare i problemi, bensí un monito a concentrare gli sforzi sull'approfondimento e sullo studio, alla ricerca delle migliori soluzioni per andare avanti.

All'ammirazione che, da lettrice, avevo per Rita come scienziata ho potuto accompagnare il privilegio della sua conoscenza diretta, grazie a un incontro che avevo organizzato per gli studenti all'Università Statale di Milano.

Quel pomeriggio vale la pena di essere raccontato e ricordato, perché credo dica davvero tanto della sua tempra e della capacità di ispirare le giovani generazioni. Era il giugno del 2008 e, all'Università Statale di Milano, una

Rita Levi-Montalcini novantanovenne era da un'ora e mezza in piedi, a parlare delle sue ricerche di fronte a centinaia di studenti adoranti. Io feci per porgerle una sedia; lei mi rispose: «Grazie, ma io resto in piedi». Da allora, quella frase mi è rimasta in testa. Quante volte la giovane Rita è rimasta dritta in piedi, tra guerra, leggi razziali e persecuzioni? La retorica del «non cedere alle avversità» è ben lontana dall'essere facile, quando a non cedere devi essere tu. Come non ha ceduto Rita nell'essere quella che è stata, una donna-scienziata in un periodo storico in cui alle donne veniva prescritto di essere madri e mogli. Una scienziata ebrea nell'Italia delle leggi razziali. Eppure, nulla l'ha fermata. Rita è il paradigma monumentale della scienziata a tutto tondo, una donna che ha avuto la forza di coltivare la sua idea contro tutto e tutti.

5. *La forza di dire «no».*

La risposta di Rita, quel «no grazie, io resto in piedi», riassume per me l'essenza dell'essere scienziati, ricordandoci la passione per un'idea, la convinzione e la caparbietà con cui la si mette alla prova, il coraggio di imboccare una strada anche in solitudine (e, come scritto, Montalcini per realizzare le sue ricerche dovette andare contro la famiglia, i pregiudizi, persino contro la Storia).

Questa immagine dello scienziato che «a schiena dritta» difende le proprie idee evoca un altro libro che ho particolarmente amato: *Preferirei di no* di Giorgio Boatti. Ho scoperto questo volume piú di vent'anni fa, quando avevo già deciso che la mia vita sarebbe stata dedicata alla ricerca scientifica. È la storia dei dodici professori universitari che dissero di no a Mussolini, rifiutando di proferire il giuramento di fedeltà al fascismo imposto dal regime l'8 ottobre 1931, mentre migliaia di altri colleghi si piegarono, alcuni per adesione ideologica, molti per quieto vivere. Nel corso degli anni mi sono trovata a ricevere questo libro in regalo tre volte, e nessuna è stata di troppo. Periodicamente lo rileggo, per ricordare che la scienza è libera e tale deve rimanere, mentre lavora nell'interesse di tutti noi, e che bastano pochissime persone, a volte anche una sola, per fare la differenza, tenere accesa una fiammella di «resistenza» che possa traghettare la società verso orizzonti migliori.

La potenza del volume è nel ripercorrere le biografie di quei dodici professori ordinari – Ernesto Buonaiuti, Mario Carrara, Gaetano De Sanctis, Giorgio Errera, Giorgio Levi Della Vida, Fabio Luzzatto, Piero Martinetti, Bartolo Nigrisoli, Francesco ed Edoardo Ruffini, Lionello Venturi, Vito Volterra – su oltre milleduecento in tutta Italia che, pur venendo da storie diverse e mantenendo tra loro diversità di carattere e opinioni, accettarono di perdere la cattedra, pur di non piegarsi al duce. Il tratto comune è il bisogno di corrispondere a una intima coerenza del proprio vivere; è una scelta innanzitutto per sé stessi, d'integrità per il proprio statuto morale. Se gli atti di eroismo, per loro natura, bene si conciliano con la ristrettezza di numeri di coloro che, eccezionali, si distinguono dalla massa, ciò che quel libro mi ricorda è la solitudine sociale in cui precipitarono – in tanta parte – tali personalità. Questo, credo, è l'aspetto piú forte da tenere a mente per evitare il ripetersi di quegli eventi tragici: se anche non si ha la forza di esporsi in prima persona, sostenere chi lo fa è l'impegno collettivo minimo ma essenziale a cui, come comunità, siamo chiamati.

6. *I limiti di un cervello antico.*

Ripensando a quanto è costata la conquista della libertà di studio e di pensiero nella nostra parte «fortunata» di mondo, e a quanto ancora ci sarebbe da fare perché queste stesse libertà siano garantite a tutti, risulta ancora piú difficile da comprendere e accettare l'atteggiamento di chi nega l'apporto fondamentale della scienza al benessere di cui godiamo ogni giorno. Di molte malattie che meno di cent'anni fa flagellavano le nostre popolazioni oggi abbiamo la fortuna di poter ignorare non solo gli effetti, ma persino il nome; in un secolo abbiamo triplicato la nostra aspettativa di vita; riusciamo a comunicare in tempo reale, in video, con persone che vivono dall'altra parte del mondo. Tutto grazie alla scienza e all'innovazione di ogni epoca. Eppure, ci si domanda ancora se questa misteriosa scienza possa mai essere degna della nostra fiducia. In *Pensieri lenti e veloci*, il premio Nobel Daniel Kahneman illustra i risultati di diversi studi che mostrano come alcuni nostri processi decisionali non siano affatto logici e razionali: le nostre scelte, i modi di ragionare, le deduzioni e le aspettative appartengono a un cervello adattato alle condizioni di vita di decine di migliaia di anni fa, quando si privilegiava un atteggiamento conservativo, limitato alla sopravvivenza immediata.

Il nostro cervello, quindi, è poco adatto alla modernità, la capisce poco, arriva anche a rifiutarla. Per certi aspetti, non siamo poi cosí diversi dai nostri antenati che vivevano nelle caverne.

Da qui nascono alcuni nostri vincoli cognitivi, o errori di valutazione, i cosiddetti *bias*. In altre parole, le nostre reazioni sono irrazionali perché il nostro cervello è come un computer di trent'anni fa sul quale proviamo a installare un sistema operativo di ultima generazione. Non è per forza un problema, ma lo diventa se rifiutiamo di tenerne conto e pensiamo di basare le nostre posizioni sul presupposto che gli esseri umani siano sempre razionali.

Dobbiamo tenere presente che di fronte a nuove informazioni tendiamo a selezionare quelle che confermano le nostre convinzioni e, viceversa, a ignorare o sminuire quelle che le contraddicono. Si chiama «*bias* di conferma» e non è l'unico con cui abbiamo a che fare. Lo studio di queste «resistenze cognitive», oltre a essere affascinante di per sé, ci aiuta a elaborare strategie comunicative piú efficaci. Alcuni studi di psicologia cognitiva suggeriscono ad esempio che per rimuovere i pregiudizi, anziché elencare dati e studi scientifici che «sfidano» le conoscenze assunte come vere dall'interlocutore reticente, può essere piú utile dare un'informazione nuova, aggiuntiva. Ad esempio, mostrando le conseguenze – anche drammatiche – di scelte dettate da teorie pseudoscientifiche. In altre parole, si accetta che un cittadino possa avere paura dei possibili (sebbene molto improbabili) effetti collaterali del vaccino contro il morbillo su suo figlio, ma, affinché la sua decisione sia piú responsabile, lo si informa anche delle gravi e ben piú probabili complicanze che può avere il morbillo su un bambino non vaccinato. Ancora oggi, infatti, questa malattia apparentemente «di routine» nel mondo è responsabile di un numero compreso tra le 100 e le 200 morti ogni 100 000 persone colpite, soprattutto a causa di encefaliti che si possono sviluppare molti anni dopo l'infezione.

Il nostro cervello, insomma, è rimasto a quando vivevamo nelle savane, e di fronte a un cespuglio che si muoveva trovava conveniente indurci a fuggire senza pensarci due volte, perché lí dietro poteva esserci un predatore. Decisioni veloci, necessarie, di vita o di morte. Magari il predatore non c'era, magari era stato solo il vento a muovere il cespuglio, ma la probabilità anche minima di un pericolo imminente rendeva in ogni caso conveniente dare ascolto alla paura e scappare. Tuttavia, caratteristiche della specie umana sono anche la curiosità e la capacità di analisi, che nel tempo si sono evolute insieme alla nostra corteccia cerebrale, e che, con atteggiamento quasi di sfida, ci hanno fatto ragionare di fronte alle paure, all'ignoto, all'istinto di scappare, in modo che potessimo imparare qualcosa di nuovo, scoprire qualcosa di piú del mondo che ci circondava, e mettere infine a disposizione di tutti le nuove conoscenze raggiunte.

Su questa umanissima base di curiosità, sulle domande che oggi non hanno risposta e domani potrebbero averla, sullo spostare sempre un po' piú avanti la frontiera della conoscenza si sviluppa il metodo della scienza. Che resta l'unico che abbiamo per descrivere la realtà che ci circonda. La scienza ci fornisce continuamente prove che sfidano le nostre convinzioni e riducono gli spazi dell'incertezza. Un esempio che mi piace ricordare: nel 1998, con sole tre pagine pubblicate su «Science», James Thomson superò le colonne d'Ercole della scienza, la rivoluzionò, espose la società a nuovi pensieri, scatenò il confronto su cosa fosse la blastocisti (sovrannumeraria) dalla quale aveva derivato, per la prima volta, le cellule staminali embrionali umane. Quella scoperta impose domande nuove, alimentò confronti e talvolta conflitti bioetici tra discipline e visioni del mondo diverse, a partire da quale «statuto biologico» si dovesse riconoscere alla blastocisti umana sovrannumeraria, ottenuta in vitro. Oggi da queste cellule sappiamo ottenere neuroni o cellule del cuore come non è possibile fare con nessuna altra staminale «vera». Queste capacità sono «talenti» che non vanno sotterrati. Sono pozzi di conoscenza e di speranza dai quali continuare ad attingere.

I cambiamenti in una società sono lenti ad avvenire e le nuove conoscenze faticano a trovare spazio. Oggi, il contesto in cui viviamo non è piú quello in cui dovevamo fuggire di fronte a ogni cespuglio che si muoveva: la nostra sopravvivenza e incolumità fisica sono molto meno a rischio. Non solo. Come accennavo sopra, negli ultimi centocinquanta anni l'aspettativa di vita è quasi triplicata, dimostrando ulteriormente quali benefici abbiamo avuto (in questa parte del mondo) anche dall'inesauribile cammino della scienza e della medicina. In compenso, però, si è moltiplicata infinitamente la quantità di dati e informazioni che abbiamo a disposizione, e quindi si sono complicate anche le decisioni da prendere. La conseguenza è che il nostro cervello è ancora pronto a scattare al primo accenno di paura, a ragionare in maniera binaria, a pretendere certezze bianco/nero senza riuscire a prendere in considerazione la complessità – un valore enorme, proprio delle società mature, plurali e inclusive.

7. *Lo scienziato non è un oracolo.*

Quell'istinto irrazionale, primordiale, l'abbiamo sperimentato nei primi mesi della pandemia da Covid-19, in quel marzo 2020 che ci ha visti tutti d'improvviso chiusi in casa, a ripararci da un minuscolo nemico di cui non conoscevamo nulla. È stato il momento in cui politica e società hanno iniziato a pretendere dalla scienza «certezze» che, in quella fase, erano impossibili da avere per qualunque studioso. Credo che, se nei decenni precedenti il rapporto tra scienza, istituzioni e cittadini fosse stato coltivato e consolidato, anziché ignorato e sminuito, si sarebbe compresa ovunque l'irragionevolezza di pretendere «velocità e certezze» nello scoprire come affrontare una situazione pandemica globale e globalizzata che, a quel livello di diffusione e gravità, non era mai stata sperimentata almeno nelle ultime cinque generazioni. A maggior ragione oggi va ricordato che lo scienziato non è un oracolo e la scienza non è «magia», né un juke-box a cui si chiede di riprodurre nel momento desiderato il motivo che si vuole sentire, né un corpus rigido e dogmatico da cui estrarre alla bisogna risposte certe e immutabili, bensí un metodo per imparare a gestire e governare l'incertezza dell'esistenza, che è, in qualche misura, ineliminabile.

Uno degli aspetti positivi della comunicazione post-pandemica è l'aver messo la società di fronte al fatto che non sempre possono esistere certezze inequivocabili secondo cui agire in un certo modo è totalmente giusto, mentre fare il contrario è totalmente sbagliato. Tutti abbiamo imparato che lo scienziato, talvolta, può anche dire «non lo so». Che alcuni risultati possono essere affermati come certi, mentre altri devono essere comunicati in termini di probabilità (con una «forbice» piú o meno ampia), e altri ancora sono destinati a essere smentiti da studi e scoperte successivi. Ma la rivedibilità dei dati non significa che quel che si era detto prima fosse falso, bensí che esso rappresentava il meglio che si potesse comprendere alle condizioni date. Analogamente, il fatto che continueremo a studiare il moto dei pianeti, rivedendo le nostre conoscenze, non ci porterà mai a scoprire che la Terra è piatta; il continuo affinamento dello studio della genetica non ci porterà mai a scoprire che il gene responsabile della malattia di Huntington (quella che studiamo in laboratorio all'Università Statale di Milano) sarà un altro. Queste, infatti, sono certezze ormai granitiche conquistate dagli studiosi, insieme a miliardi di altri passi conoscitivi certi.

Eppure, entrando in quel luogo di democrazia che è il nostro Senato, in una delle mie prime esperienze in Parlamento, mi sono trovata di fronte ad alcuni colleghi senatori che mi accusavano di parlare della scienza come se fosse «tutta la verità». Cosa che non solo non ho mai detto, ma che nemmeno penso: la scienza non ha bisogno di essere tutta la verità, essendo solamente un metodo – e non ne conosco di migliori – per studiare quello che nessuno conosce. Un metodo che usa sperimentazione, risultati e logica per descrivere la realtà, distinguerla dalle opinioni e capire se quello di cui stiamo parlando è ciò che veramente è, oppure quello che noi pensiamo che sia.

8. *Il Paese schizofrenico.*

Dell'intimo legame tra buona scienza e buona democrazia, che ho sentito essere forte e vero fin dalle prime esperienze professionali come ricercatrice, ho avuto poi piena consapevolezza e costrutto teorico grazie a un piccolo, denso e brillante saggio intitolato *Scienza, quindi democrazia*, scritto dal professore di Storia della medicina dell'Università La Sapienza di Roma Gilberto Corbellini, che, lungi dal formulare un assioma (come il titolo farebbe pensare), indaga la storia e i rapporti della Scienza con i valori civici dell'Occidente.

In particolare, e qui mi avvalgo delle parole dell'autore, Corbellini avanza la tesi – che tutt'oggi non smette di appassionarmi – secondo cui «l'invenzione della scienza moderna» abbia «fornito gli strumenti cognitivi e morali necessari per far funzionare l'economia di mercato e consentire la nascita della democrazia. Grazie a tali strumenti, la scienza stimola la capacità di pensare in modo controintuitivo, permettendo di spiegare ciò che accade. Essa, inoltre, consente di prendere decisioni morali, economiche e politiche che non sono "naturali" – date le predisposizioni comportamentali di cui ci ha dotato l'evoluzione – ma che, tuttavia, migliorano la società sotto tutti i punti di vista. La scienza ci fa godere i vantaggi materiali del vivere in condizioni che, dalla rivoluzione neolitica in poi, sono diventate via via piú innaturali». Un altro elemento di grande interesse che l'autore indaga, e che ritengo prezioso, è il considerare la libertà della scienza come un indicatore della salute democratica di un Paese. E, su questo aspetto, dal mio osservatorio «privilegiato» interno al Parlamento devo dire che davvero non mancano gli esempi del mal legiferare.

L'Italia – mi è piú chiaro che mai dopo dieci anni in Senato – è un Paese che definirei schizofrenico, capace di imprese conoscitive incredibili ma, nello stesso tempo, di chiusure miopi e insensate che ancora oggi negano ai nostri studiosi la possibilità di progredire nella conoscenza anche in campi che riguardano la nostra salute. Il divieto di derivazione delle cellule staminali embrionali umane, il divieto di sperimentazione degli Ogm in campo aperto (che vanifica la possibilità di studiarli), la promozione del non-metodo Stamina, le accuse e i processi agli scienziati che avevano scoperto il batterio della Xylella, i divieti – aggiuntivi – alla sperimentazione animale in Italia, che ostacolano la ricerca rispetto al resto d'Europa, sono solo alcuni esempi. Da ultimo, non si può non ricordare la legge del 2023 che ci ha reso il primo Paese al mondo a vietare la carne coltivata (senza alcun elemento reale che suggerisse di orientarci in questa direzione), prescindendo da ogni evidenza scientifica, travisando in sede parlamentare alcuni studi e dati per renderli congeniali ai desiderata dei gruppi politici di maggioranza.

A titolo di esempio: nell'estate 2023, durante l'esame del disegno di legge in Senato, le professoresse Carlotta Giromini e Federica Cheli dell'Università di Milano hanno fatto presente ai senatori l'errore commesso nel portare, come prova della scarsa salubrità della carne coltivata, uno studio scientifico del 2019 uscito sul «British Medical Journal», che indicava il consumo di «prodotti processati» come fattore di rischio cardiovascolare. Peccato che – hanno scritto le colleghe in una memoria depositata in commissione e rimasta completamente ignorata – lo studio in realtà facesse riferimento a salumi e insaccati, cioè carne ottenuta con metodo «tradizionale» (da macellazione) e successivamente processata (aggiungendo grassi saturi).

Il nostro ordinamento periodicamente si arricchisce (e in tal modo impoverisce il Paese) di leggi che impongono paletti alla ricerca, inseguendo interessi di specifiche lobby, dogmi o pura necessità di consenso. Ma legiferare sull'onda di fantasie o di pericoli inesistenti significa avvelenare la società con «tossine» antidemocratiche molto pericolose, le cui conseguenze sono difficili da considerare.

Eppure, tutto sommato, di fronte a un'apparente incomunicabilità o frattura tra la scienza e la politica non dobbiamo darci per vinti. Non solo un dialogo è possibile, ma credo sia indispensabile, poiché la posta in gioco – il benessere di tutti – è davvero troppo alta. Fu proprio nel pieno della Guerra civile che Abraham Lincoln firmò il Morrill Act, con il quale fondò l'Accademia delle scienze americana e diede impulso a una serie di iniziative per promuovere le scienze, la tecnologia, l'educazione avanzata per tutti i giovani di talento. Molti membri del Congresso erano contrari e si chiedevano perché scegliere di creare l'Accademia delle scienze in un momento cosí difficile. Lincoln rispose semplicemente: «Per dare un futuro alla Nazione».

9. *«Sapiens» sulle spalle di giganti.*

Durante tutto il corso della storia dell'uomo ci sono state, come ci sono oggi, persone che hanno scelto di porre delle domande a sé stesse, agli altri, al mondo che le circonda. Come hanno fatto quelle persone a pensare quelle cose? Come hanno potuto immaginare quelle storie, per poi andare al bancone del laboratorio per capire se erano vere o no? Nella scienza, è l'interrogativo che mi affascina maggiormente, ancor piú dei risultati, pure importantissimi.

In ogni scoperta si nascondono racconti straordinari: passione, dubbi e coraggio, quello che serve per osare entrare in strade mai tracciate prima. Sapendo di poter fallire. Ma, anche in quel caso, si tornerà sempre a ricominciare. Perché la storia dell'uomo è una continua, inarrestabile esplorazione, nel tentativo costante di spostare sempre un po' piú in là la frontiera della conoscenza. Per sfidare questo confine l'umanità si è passata il testimone del sapere, grazie alla scrittura. Ogni pensiero raccolto in tavolette, papiri, pergamene, libri e – oggi – anche bit è una tessera di un mosaico unico e irripetibile, un chicco di una spiga che alimenta quei «granai dello spirito» – le biblioteche da accrescere nel pubblico e nel privato – mentre da piú parti si tende a svilire l'importanza della conoscenza.

La metafora dei granai si ispira a *Memorie di Adriano* di Marguerite Yourcenar. In un passo del libro, l'imperatore afferma: «Fondare biblioteche è come costruire ancora granai pubblici, ammassare riserve contro un inverno dello spirito che da molti indizi, mio malgrado, vedo venire». È l'accumulo della conoscenza disponibile a tutti e il suo sedimentarsi e raffinarsi continuamente a permetterci di guardare al futuro con maggior ottimismo di quanto spesso il presente non ci lasci sperare.

Come nani sulle spalle di giganti – riprendendo la famosa metafora attribuita a Bernardo di Chartres – in perenne debito di gratitudine con chi ci ha preceduto, oggi possiamo vedere in lontananza, là dove nessuno aveva pensato di poter guardare prima. Finché avremo cura di fondare e alimentare questi «granai pubblici», che fanno della produzione e della memoria della conoscenza i «giganti» sulle cui spalle aggrapparci, ho fiducia che la specie *Sapiens* non si smarrirà.

Ringrazio, per il supporto dato nel corso della redazione del presente contributo, i miei collaboratori Marianna Mascioletti, Mariangela Modafferi e José De Falco.

Luciano Canfora

L'articolo 3 di Aristotele

Luciano Canfora è professore emerito dell'Università di Bari.

È Direttore del Dipartimento storico e giuridico dell'Università della Repubblica di San Marino. Dirige i «Quaderni di storia» e collabora con il «Corriere della Sera».

Ambiti di studio: ricezione moderna del mondo classico, papirologia, storiografia.

Tra le sue pubblicazioni più recenti ricordiamo: *Catilina*, Laterza, Bari-Roma 2023; *Lezioni di filologia classica*, il Mulino, Bologna 2023; *Marx e i suoi scolari*, Stilo Editrice, Bari, 2023; *Guerra e schiavi in Grecia e a Roma*, Sellerio, Palermo 2023; *Il fascismo non è mai morto*, Dedalo, Bari 2024.

Chi ha trascorso buona parte della vita nel Novecento ha vissuto come esperienza fondante la Guerra fredda, della quale un acuto politologo come Sergio Romano tesse talvolta l'elogio. (Oggi essa ritorna in forma deteriore: come puro scontro di potenze.) Si produssero allora, presso le persone (giovani o meno giovani) che miravano a «orientarsi nel mondo», alcuni riflessi mentali: il ricorso a letture di storia giovevoli in particolare per comprendere la traiettoria storica delle rivoluzioni; la percezione della propaganda come forma dominante (e, in certo senso, naturale) della comunicazione e quindi dell'intreccio – a un livello piú elevato – tra storiografia e potere.

Cosí incominciò per me la frequentazione di un libro, *La Rivoluzione francese* di Albert Mathiez, che l'editore Einaudi aveva pubblicato (non a caso) nel 1950. Allora, quel volume veniva proposto come antidoto rispetto all'anti-roberspierrismo della tradizione storiografico-politica «moderata»; ma era implicita la suggestione che esso giovasse, per ciò stesso, a far comprendere la traiettoria della rivoluzione russa (protagonista, alimento e bersaglio della Guerra fredda!)

Quel libro sembrava fatto su misura per tranquillizzare e orientare il «militante» acculturato. Seguirono altre letture coerenti: *La reazione termidoriana* dello stesso Mathiez e *Robespierre e il Quarto Stato* di Korngold; libri che davano spazio anche al tema del feroce «terrore bianco» attuato dalla controrivoluzione. Il militante acculturato sapeva inoltre che la grande lezione di Tocqueville (*L'Ancien Régime et la Révolution*) era applicabile anche alla successiva rivoluzione (quella russa) e che proprio la tesi centrale di quel libro – la continuità al di là della rottura rivoluzionaria – piaceva forse ai denigratori (Urss = nuovi zar), ma giovava anche agli apologeti dotati di senso critico, i quali potevano cosí giustificare certe inquietanti continuità tra vecchia e nuova Russia.

Debbo alla tradizione familiare – in cui si intrecciavano dedizione agli studi storici, storicismo crociano e mazzinianesimo, sensibilità per il socialismo, ma anche una seria considerazione per la poesia civile italiana (da Carducci giacobino a Leopardi filosofo) – la scelta di queste letture nonché la «chiave» per intenderle.

1. *Tucidide e il generale de Gaulle.*

Poi venne la lettura di Tucidide. Disponevo di una edizione teubneriana *minor* (cioè senza apparati) e, nella biblioteca del mio liceo, del commento, in latino, di Ernst Friedrich Poppo abbreviato da Stahl, che mi risolveva tante difficoltà, ardue per un principiante. Questa istruttiva lettura, che suscitava nel lettore la questione del declino del modello politico-statale della città democratica, fu «drammatizzata» e attualizzata da un evento esterno di enorme risonanza: il colpo di forza di Algeri (13 maggio 1958) e il conseguente colpo di Stato gollista «legalizzato» da un voto parlamentare. L'Assemblea nazionale eletta due anni prima, sospinta dal *Putsch* di Algeri, votò i pieni poteri al generale de Gaulle. Colpo di Stato con patina costituzionale, Parlamento intimidito e addomesticato. Tutto questo mi sembrava di ritrovarlo nell'ottavo libro di Tucidide, letto proprio in quei mesi, che racconta il suicidio della democrazia ateniese nell'anno 411 a.C.: una vera morfologia della crisi della democrazia.

Ma c'era anche un altro episodio, nell'opera dello storico ateniese, che tornava d'attualità: la guerra civile nell'isola di Corcira. Un resoconto che descrive gli effetti della guerra civile non solo sull'etica comune ma sul linguaggio. Le parole in uso – osserva lo storico – erano le stesse, ma ormai significavano altro. La guerra civile (questo il bilancio) è il momento in cui meglio si manifestano e meglio si comprendono le dinamiche profonde della politica e gli slittamenti propagandistici del linguaggio.

Di qui il passaggio, negli anni universitari, allo studio delle *Guerre civili a Roma* dello storico Appiano di Alessandria (II secolo d.C.) e dei corrispettivi libri della *Storia romana* di Cassio Dione e, ovviamente, della documentazione contemporanea (in primis l'imponente epistolario ciceroniano). Non si trattava piú di leggere e rileggere un solo autore ma di mettere a frutto i resoconti di una molteplicità di fonti. Era inoltre necessario avere la maggiore considerazione critica per una rilevante tradizione di studi.

Il lavoro in cui mi parve di raccogliere il filo di queste varie esperienze si intitolava *Totalità e selezione nella storiografia classica* (1972). Lí tornavo alla questione da cui ero partito: il divario tra il fatto e il racconto del fatto e le forme di manipolazione, anche raffinata, da cui il racconto è influenzato. I miei libri-guida erano allora: Edward Hallett Carr, *Sei lezioni sulla storia*, Isaac Deutscher, *Ironie della storia*, e il grande affresco storico-politico di Ronald Syme sul passaggio dalla Repubblica al Principato, *La rivoluzione romana*.

2. *Di cosa parliamo quando parliamo di democrazia.*

E veniamo alla domanda inevitabile: in che misura la frequentazione degli studi di storia contribuisce all'orientamento, e alle conseguenti scelte, nel campo dell'agone politico? E la parola piú abusata – democrazia – a quali effettivi contenuti corrisponde? Anche qui bisogna partire dall'inizio e guardarsi da ogni fondamentalismo. Cosa troviamo se cerchiamo di spingerci alle origini del modello di convivenza e azione che chiamiamo «democrazia»? Anni fa Amartya Sen fece notare che, prima che in Grecia, ci furono nell'India antica comunità che prendevano decisioni ed eleggevano magistrati dopo una discussione collettiva. Secondo Erodoto, che era un greco d'Asia, la proposta di dare «il potere al popolo» («la cosa piú bella è la massa popolare al comando») fu formulata da un nobile persiano alquanto prima che Clistene in Atene (506 a.C.) instaurasse una forma di «democrazia». Quando, comunque, venisse instaurata in Atene la «democrazia» non era stabilito in modo univoco nemmeno dalla tradizione storiografica e politologica ateniese, incerta peraltro nel definire in che cosa esattamente consistesse quella forma di organizzazione politica. Questo spiega perché ogni tanto veniva retrodatato l'atto di nascita della «democrazia». Poteva essere stata instaurata già da Solone, all'inizio del VI secolo a.C., o, alla fine dello stesso secolo, da Clistene, o addirittura alla metà circa del V secolo a.C., per effetto della riforma di Efialte (appoggiato da Pericle ancor giovane) che diede molto potere effettivo ai «poveri» (non possidenti), o addirittura soltanto dopo la morte di Pericle (429 a.C.) allorché anche il personale politico della città fu, almeno in parte, di estrazione popolare.

L'opzione per l'una o l'altra data come «atto di nascita» corrisponde però ad altrettante tra loro differenti visioni del *contenuto* della democrazia: da quella soloniana, che, a quanto pare, concedeva l'accesso alle cariche soltanto alle due piú alte classi di censo, a quella cosiddetta «radicale» del dopo Pericle. Analoga oscillazione può osservarsi nell'età moderna, e ancora nel tempo nostro, caratterizzato dalla costante ricerca di «correttivi» del suffragio universale, che della democrazia politica è invece il presupposto generalmente accettato.

L'analogia è legittima, anche se non va mai dimenticato che, nell'arcaica realtà delle città greche, al di sotto del mondo dei liberi, cittadini di pieno diritto, vi era un'immensa realtà umana esclusa dalla partecipazione politica, cioè gli schiavi. Anche riguardo a questo aspetto sostanziale si può istituire una legittima analogia col mondo moderno – dei secoli XIX e prima metà del XX –: cresceva e si sviluppava la democrazia politica nei Paesi dell'Europa occidentale, i cui «poveri» potevano acquisire maggiori diritti e maggiore benessere perché partecipi (sia pure in parte ben minore) dei benefici materiali rivenienti dagli imperi coloniali su cui quelle «democrazie» esercitavano il loro predominio. Alla comprensione di questo rilevante fenomeno giova la lettura di un piccolo libro del 1901, edito da Feltrinelli in italiano nel 1980: *Il gingoismo* di John A. Hobson.

La variante, nell'altro emisfero, di questa situazione è rappresentata dalla storia degli Stati Uniti d'America nel secolo XIX: mentre si affermava, lí, quella «democrazia» che Alexis de Tocqueville ha descritto nel suo grande trattato *De la démocratie en Amérique* (1835-1840), maturava una feroce guerra civile (1861-1865) tra coloro che difendevano, armi alla mano, l'istituzione e la pratica della schiavitú, largamente presente nel Paese, e quelli che tentavano di abrogarla.

S'è parlato sin qui di «democrazia politica», il cui veicolo principale è stato il suffragio universale, ottenuto attraverso lotte durate almeno lungo tutto il secolo XIX e parte del XX, e malvisto e «corretto» in vario modo. Una ricostruzione storica molto utile a tal proposito è nel libro di Domenico Losurdo, *Democrazia o bonapartismo*. Ma, da molto presto, era sorta la complementare istanza protesa a rivendicare una democrazia «sostanziale», sentita come sinonimo di eguaglianza sociale. Anzi si può dire che il primo a concettualizzare la questione, cioè Aristotele nel IV libro della *Politica* (1290a 30-40), l'abbia anche espressa nella maniera piú netta e piú radicale. Eccola: «Non si deve definire la democrazia, come si usa fare, come il regime in cui comanda la maggioranza (infatti anche nelle oligarchie, anzi dovunque, vige il principio del prevalere della parte piú numerosa), né si dovrà definire oligarchia il regime in cui predominano i pochi. Se infatti i cittadini fossero in tutto 1300 e, di questi, 1000 fossero ricchi e non condividessero il potere con gli altri 300, poveri e comunque di condizione libera, nessuno direbbe che questa sia una democrazia. Analogamente, se i poveri fossero pochi di numero ma dominanti rispetto ai ricchi pur piú numerosi di loro, nessuno direbbe che quella sia una oligarchia».

Perciò non deve sorprendere, anzi dev'essere motivo di apprezzamento, il fatto che, subito in apertura della nostra Costituzione, vengano additati come da rimuovere gli «ostacoli di ordine economico e sociale» che «*limitano* di fatto» l'«eguaglianza» – e quindi anche «la libertà» – «dei cittadini» (articolo 3). Qui vi è la chiara nozione, e distinzione, tra «eguaglianza davanti alla legge» (articolo 2) e «uguaglianza di fatto», cioè sostanziale, non puramente formale (articolo 3). Le sole altre due occorrenze della parola «eguaglianza» nel testo della Costituzione italiana riguardano gli aspetti giuridici (eguaglianza dei coniugi nel matrimonio, eguaglianza di uomini e donne nell'accesso ai pubblici uffici). Ed è da segnalare anche che sin dalla prima frase dell'articolo 1 («L'Italia è una Repubblica democratica fondata sul lavoro») l'aggettivo «democratica», cioè la nozione di «democrazia», viene completata, riempita di contenuto, grazie appunto alla precisazione «fondata sul lavoro». Precisazione che sta a indicare che il «diritto al lavoro» (sancito, subito dopo, nell'articolo 4) è *un contenuto sostanziale* e primario della generica definizione di «democratica». È la certezza di un lavoro (adeguatamente retribuito: articolo 36) che dà sostanza, e senso, a quell'aggettivo. Il che vuol dire che per entrambi i termini (di fatto sinonimi) – democrazia, eguaglianza – vale la cruciale distinzione aristotelica tra *formale* e *sostanziale*.

3. *Un prodotto chimico instabile.*

Una volta conquistato questo concetto fondante, si riaprono tutti i problemi, mai risoluti in via definitiva, sui modi di attuazione di quella che, a tutti gli effetti, appare come la principale posta in gioco: la democrazia sostanziale, l'eguaglianza sostanziale. E che si tratti di problema arduo e sempre aperto, e in attesa di risoluzione, è confermato *ad abundantiam* dal fatto che proprio l'articolo 3 parla di «ostacoli» da «rimuovere»; cioè di un processo costante, sempre *in fieri*, sicuramente conflittuale (altrimenti non avrebbe senso parlare di «ostacoli» da «rimuovere»). Ed è da qualche millennio che nelle forme piú diverse, e con lessico variabile (com'è ovvio al mutar delle epoche) si «combatte» intorno a questa posta in gioco. Ognuno intende perciò che si tratta di un conflitto che non avrà mai una conclusione e che coincide con lo sviluppo stesso della storia o, se la frase non pare troppo enfatica, della vicenda umana.

Un grande studioso, «conservatore» nella sua *forma mentis*, Gaetano Mosca (1858-1941) ha reso, oltre un secolo fa, questa constatazione immediatamente percepibile attraverso un apologo, che qui giova riferire, per concludere: l'apologo – come egli scrive – «di quel padre che morendo confidava ai figli che nel campo avito era sepolto un tesoro: il che fece sí che quelli sollevassero tutte le zolle, non trovando il tesoro ma aumentando notevolmente la fertilità del terreno» (recensione, nella rivista «Il pensiero moderno», 1912, al capitale libro di Roberto Michels, *La sociologia del partito politico*, ormai da tempo disponibile in traduzione italiana). L'apologo era già menzionato nel libro di Michels, che è dello stesso anno. Esso dimostra che la «democrazia», considerata in entrambi i suoi indissolubili aspetti, non è un assetto realizzabile e consolidabile una volta per tutte ma un terreno di fecondo e ininterrotto conflitto: una conquista quotidiana, un prodotto chimico instabile.

Anna Foa

Nel cuore di tenebra insieme a Primo Levi

Anna Foa è nata a Torino alla fine del 1944, da genitori ambedue partigiani, Vittorio Foa e Lisetta Giua. Ha vissuto a Roma, dove ha insegnato Storia moderna all'Università La Sapienza. Si è occupata di eretici, di caccia alle streghe, di storia degli ebrei, di memoria della Shoah. Tra i suoi ultimi libri: *Diaspora. Storia degli ebrei nel Novecento*, Laterza, Roma-Bari 2009; *Portico d'Ottavia 13. Una casa del ghetto nel lungo inverno del 1943*, Laterza, Roma-Bari 2013; *La famiglia F.*, Laterza, Bari-Roma 2018; *Andar per luoghi di confino*, il Mulino, Bologna 2018; *Anime nere. Due donne e due destini nella Roma nazista*, Feltrinelli, Milano 2021 (con Lucetta Scaraffia); *Gli ebrei in Italia. I primi 2000 anni*, Laterza, Bari-Roma 2022. Vive a Formia.

C'era una libreria scura su una parete dello studio di mio padre, e in uno stesso scaffale figuravano allineati insieme libri di non grandi dimensioni. Erano le memorie della Resistenza e, come si chiamava ancora all'epoca, dello sterminio degli ebrei. Ricordo soprattutto la prima edizione di *Se questo è un uomo* di Primo Levi, uscita da De Silva nel 1947. E, ancora, il libro di Bruno Piazza, *Perché gli altri dimenticano*, insieme alla testimonianza di Giuliano Pajetta su *Mauthausen*.

Nella letteratura memoriale mi sono imbattuta in diversi passaggi della mia vita, con una consapevolezza diversa a seconda dell'età e del mio grado di maturazione. Da ragazzina avevo divorato quei libri con avidità, senza lacrime e senza turbamenti, forse con il cinismo proprio dei bambini che naturalmente tendono a rimuovere il male. Ma seppure inconsciamente quelle letture infantili contribuivano a incidere nella memoria in modo indelebile le vicende della guerra, della Resistenza e dello sterminio. Anche perché si accompagnavano alle memorie famigliari che mi collocavano a pieno titolo nel cuore dell'epopea partigiana: figlia d'una famiglia ebrea per parte di padre, mamma e papà entrambi resistenti – Lisa Giua e Vittorio Foa – è dai loro racconti che venni a sapere d'essere nata con un nome falso, Annalisa Rizzini, di essere sopravvissuta grazie al calore del fiato dei miei e di aver dormito nei primi mesi di vita in un cassetto adattato fortunosamente a culla.

Di quel mondo della mia infanzia tutto immerso nella Resistenza ha scritto in modo esemplare Natalia Ginzburg in *Lessico famigliare*, altra lettura che merita un posto importante nella mia personale biblioteca democratica.

Ma l'incontro fondamentale avviene a dieci anni, nel 1954, quando incrocio nella mia vita di lettrice il *Diario* di Anna Frank, con la prefazione di Natalia Ginzburg. Confesso che a teatro non riuscii a trattenere le lacrime davanti ad Annamaria Guarnieri nel ruolo di Anna, ma ancora siamo lontani dallo sconvolgimento che questi racconti letti voracemente nell'infanzia mi avrebbero procurato in un'età piú matura, quando li rilessi incinta di mio figlio. E ancora solo molti anni dopo sarebbero diventati il primo nucleo di una costruzione della memoria, destinata a divenire per me centrale e a richiedere di essere trasmessa, spiegata, insegnata.

1. *Dalla memoria degli ebrei ai dannati della terra.*

Lascio per un momento il tema della Shoah per seguire altre sollecitazioni ricevute da ragazza. Sono a Parigi nel 1958 mandata dai miei a casa di amici per risciacquarmi i panni nella Senna. Si respira la fine della guerra di Algeria, e un libro circola clandestino perché è stato sequestrato con un provvedimento senza precedenti, ma che tutti leggono, tutti si passano di mano in mano, *La question* di Henri Alleg. Alleg, dirigente comunista algerino, nato a Londra da genitori ebrei russo-polacchi, era stato arrestato nel 1957 nel corso della guerra d'Algeria e torturato dai *paras* del generale Massu. Il libro racconta appunto la sua detenzione. Credo di non aver mai usato piú tardi con i miei studenti questo libro, per me cosí importante. Ignoro le ragioni, ma l'ho dimenticato.

Ci si è dimenticati spesso, del resto, del colonialismo in Italia, e chissà per quale motivo gli italiani sono convinti di essere innocenti dei suoi crimini. Nei primi anni Sessanta, in piena decolonizzazione, però, di colonialismo si parlava. Prima di Alleg, erano diventati notissimi anche in Italia i libri del filosofo marxista martinicano Frantz Fanon, *I dannati della terra*, con la prefazione di Jean-Paul Sartre, e *Pelle nera, maschere bianche*, considerati dei classici degli studi postcoloniali. In quel clima culturale le teorie antirazziste e anticolonialiste di Fanon si intrecciavano con le riflessioni del primo femminismo di Simone de Beauvoir e con quelle di Jean-Paul Sartre sull'antisemitismo, espresse già nel 1946 nel suo famoso e molto discusso *L'antisemitismo*.

2. *Le madeleine di Proust.*

Ma pur sollecitata dall'attualità e da un nuovo clima culturale, non riuscivo ancora a mettere a fuoco ciò che avevo imparato dalle mie letture infantili, come se non fossi capace di spostare lo sguardo dal presente al passato, per poi tornare al presente. In sostanza continuava a sfuggirmi il valore della memoria. Ed è forse per una strana coincidenza – o forse tutto si tiene! – che il mio interesse tanto per l'oggetto della memoria che per il suo meccanismo si sia destato in una lunga estate in montagna, in Val d'Aosta, nel 1964, in cui rileggevo le memorie sulla Resistenza e sulla Shoah ma insieme leggevo per la prima volta, incantata, la *Recherche* di Proust. Ricordo di aver avuto l'idea che il mondo mi si fosse rivelato quando ho letto le pagine sulle madeleine. Era quello che cercavo: le mie letture infantili di sangue e morte trovavano finalmente una cornice piú ampia. Capivo infine a cosa servisse la memoria, facevo il primo anno di Lettere, e anche la mia scelta della storia – non avevo dubbi su questo mio destino di storica – fu forse collegata al fatto di scavare nel passato.

Ma quale passato scegliere? Un passato rifugio, o un passato che rispondesse alle domande del presente, vi alludesse, desse risposte? Inizialmente, la tentazione di guardare al passato perché era piú interessante, piú piacevole da ricostruire, fu per me forte. In libri come *L'Autunno del Medioevo* di Johan Huizinga cercavo ancora i colori, la spinta a immaginare. Lentamente, la mia attenzione si spostò da un passato affascinante da guardare e immaginare a un passato che rispondesse alle domande dell'oggi. Mi ripetevo l'insegnamento di Croce, che la storia è sempre storia contemporanea. E cominciavo a fare attenzione a coloro che avevano unito l'attenzione per la storia anche lontana all'impegno nel presente: in particolare Marc Bloch, grande storico, resistente, ebreo, i cui capolavori avrei continuato a portare ai miei studenti come libri essenziali per formarsi non solo come storici, ma anche come esseri umani.

3. *La scoperta delle minoranze e la libertà nella storia.*

Se mi interrogo su quali fossero allora i miei libri preferiti, me ne vengono in mente tanti, troppi per analizzarli, per cercare di cogliere meglio questo nocciolo iniziale di quella che poi sarebbe diventata la mia biblioteca democratica, solo una parte certo della mia biblioteca, ma una parte fondamentale. Quella che mi insegnava il rifiuto del razzismo, dei campi di sterminio, del fascismo, l'amore per le minoranze, il dubbio, le diversità. Allora erano idee che mi venivano ancora dalla politica piú che dai libri, politica che avevo abbandonato nella sua forma attiva, militante, per ritrovarla invece nelle storie del passato. Forse un ripiego, mi si diceva allora in famiglia, una fuga dal presente.

In quegli anni, in cui mi tenevo distante dalla storia del Novecento e mi volgevo verso il Cinque-Seicento, scoprii le minoranze, mi imbattei negli eretici, negli atei e nei libertini, nella grande caccia alle streghe. Nel cattolicesimo cercavo tracce di eresia, nella caccia alle streghe mi interessavano, piú ancora dell'universo mentale, i meccanismi della persecuzione. Un libro per me fondamentale fu *I benandanti* di Carlo Ginzburg, una storia di contadini friulani, quindi quanto mai marginali, che compivano rituali di fertilità assimilati dagli inquisitori a riti demoniaci. La discordanza fra la percezione di sé dei benandanti e quella dei loro persecutori avrebbe interessato particolarmente i miei studenti, che coglievano in quell'esempio particolare gli abissi fra culture e la ricchezza di quella popolare.

Nelle minoranze trovai allora quegli spazi di libertà che cercavo nella storia. Fin da piccola mi era stato insegnato che la storia non è un meccanismo che va avanti da solo e tutto stritola nel suo precipitare, ma è fitta di scelte, di possibilità mancate, di strade che si biforcano, senza determinazioni. Mi sarei accorta con i miei studenti che questo è un insegnamento difficile da assorbire, perché della storia hanno invece un'immagine deterministica. Sono convinti che non ci sia libertà nel processo storico, che tutto si svolga necessariamente. Vedono nella contestualizzazione storica una giustificazione dei fatti, non una spiegazione degli spazi di libertà utilizzati e di quelli perduti. Eppure, quando comprendono la libertà, e come questa libertà li renda tutti al tempo stesso liberi e responsabili, quanto entusiasmo, quanta curiosità!

Ma questa libertà emerge prepotentemente quando si guarda alle minoranze. Ho fatto leggere ai miei studenti *Eretici italiani* di Delio Cantimori per mostrare loro che gli eretici possono essere eretici rispetto a tutte le verità costituite, come quei protestanti, i sociniani, che errarono in Europa, fin nella lontana Polonia, a negare i dogmi e a sostenere la tolleranza. Minoranze piccolissime di una già piccola minoranza, quella riformata, ma quanto importanti!

Basta un solo uomo – e un solo libro – per fermare la persecuzione? È stato per me fondamentale l'incontro con Friedrich Spee von Langenfeld, gesuita tedesco e per di piú di alta nobiltà chc, mentre in tutta la Germania ardono i roghi degli accusati di stregoneria – uomini e donne –, si alza con un libro a difendere le vittime, da solo. Non potranno toccarlo, ma lo farà la peste. La sua *Cautio Criminalis*, del 1631, ci metterà molto a influenzare le mentalità, ma alla lunga non sarà ininfluente nel fermare l'epidemia della persecuzione. Ma se allora basta la volontà di un singolo, perché non agire invece di pensare che sia inutile?

4. *I rivoluzionari del Risorgimento.*

Solo oggi mi rendo conto delle occasioni perdute, dei libri che non ho fatto leggere ai miei studenti, di quelli che io stessa non avevo voglia di leggere. Ad esempio, perché non una rivisitazione dei testi degli scrittori del nostro Risorgimento? Mazzini, ma anche i cattolici alla Gioberti, poi Cattaneo, gli Spaventa, e infiniti altri. Era un mondo con tante idee diverse, proiettato nella costruzione di una nazione nuova, fra mille difficoltà e anche mille errori. Certo, non era ancora, in molti casi, un pensiero di democrazia. Ma l'idea dei diritti delle minoranze era ben ancorata nella loro elaborazione teorica. Non a caso nel 1848 valdesi ed ebrei non perdono l'uguaglianza già loro concessa da Carlo Alberto. Potreste immaginarvi sia pur lontanamente un'Italia che nasce nel Risorgimento mantenendo in vita per gli ebrei i ghetti e il segno distintivo o negando ai valdesi il diritto di culto?

Oggi dovremmo far leggere nelle scuole *Dei doveri dell'uomo* scritto nel 1860 da Giuseppe Mazzini. Ma per cogliere davvero l'afflato democratico del Risorgimento, è ancora meglio affidarsi a narratori come Ippolito Nievo, autore di quel grandissimo romanzo, il piú grande forse dell'Ottocento italiano, che porta il titolo di *Le Confessioni d'un Italiano*. Oppure potremmo affidarci a Stendhal, all'Italia vista attraverso il suo sguardo, al suo Fabrizio Del Dongo in *La certosa di Parma*, a quelle straordinarie pagine iniziali sulla battaglia di Waterloo.

5. *Le donne, armate e disarmate.*

Non esiste democrazia senza che le donne, l'altra metà del cielo, godano dei pieni diritti civili e politici, dello stesso accesso all'istruzione e al mondo del lavoro. Il percorso attraverso cui tutto ciò si è realizzato in Italia non è stato semplice ed è abbastanza recente. Sono state molte le donne che hanno combattuto contro il fascismo e poi contro i nazifascisti e molte le memorie e le storie che lo raccontano. Una straordinaria descrizione della Resistenza in Piemonte e a Torino è il *Diario partigiano* di Ada Gobetti, la vedova di Piero Gobetti, che partecipò alla lotta armata e la cui casa a Torino in via Fabro divenne il cuore della Resistenza torinese. Ma come non ricordare *L'Agnese va a morire*, il romanzo fortemente autobiografico di

Renata Viganò, pubblicato nel 1949, vincitore del premio Viareggio e tradotto in molte lingue? È una storia di gente umile, Agnese è una lavandaia che compie la scelta di fare da staffetta ai partigiani, il mondo intorno a lei è costituito dai contadini delle valli di Comacchio. Gente comune che sceglie di lottare e di morire. Lo lessi da piccola e mi colpí per la sua umanità, anche se forse quello che interpretavo come umanità era piuttosto lo sguardo femminile sulla guerra e sui suoi orrori. A questi due esempi di partigiane combattenti, vorrei accostare la riflessione piú tarda sulla Resistenza disarmata delle donne, scritto in un contesto completamente diverso, quello del femminismo vittorioso, o almeno che tale ci sembrava: mi riferisco al saggio scritto da Anna Bravo e Anna Maria Bruzzone *In guerra senza armi*.

La deportazione degli ebrei, che coinvolgeva uomini e donne, vede emergere nelle sopravvissute uno sguardo femminile, tanto che gli storici parlano ormai senza esitazioni di «Shoah delle donne». Nei primissimi anni del dopoguerra apparvero in Italia memorie di donne sopravvissute alla deportazione, fra cui quello di Luciana Nissim Momigliano con il terribile racconto del suo ruolo di medico nel campo femminile di Auschwitz, *Ricordi della casa dei morti*. Anche se non è opera di una donna, non possiamo dimenticare il prezioso librino di Giacomo Debenedetti, a cavallo fra i generi letterari, che ci immerge in quella che fu la tragedia piú grande della Roma occupata, la razzia nazista del 16 ottobre del 1943. Scritto quando ancora i nazisti occupavano la capitale, contemporaneamente ai fatti – il suo autore doveva nascondersi per non essere a sua volta arrestato come ebreo – il libro illumina la Roma della razzia, la viltà dei fascisti di Salò, rigoroso con i perpetratori, pietoso con gli umili destinati al macello. Sono ancora persone, non solo vittime, come poi sarebbero diventate nei decenni successivi.

Uno sguardo particolare sulla Shoah è anche quello di Etty Hillesum, che ha lasciato del suo passaggio a Westerbork – il campo di transito degli ebrei olandesi – una memoria straordinaria nel suo *Diario*, nelle sue *Lettere*, e anche in *Quella notte ero all'inferno*, il titolo che è stato dato in Italia a due sue lettere da Westerbork in cui descrive la partenza dei treni piombati per Auschwitz.

Ciò che emerge nei suoi scritti non è tanto una memoria al femminile quanto uno sguardo pervaso di umanità, una pietas che si riversa su tutti e tutto, fin sulla natura, e che rappresenta sí un modo di essere, ma pure una scelta, quella di guardare alla vita persino sull'orlo della morte, salendo sul carro verso Auschwitz. Ma anche l'umanità e la scelta di essere umani non fanno parte dell'apprendimento della democrazia?

6. *La democrazia è di tutti, non solo di una parte.*

La crescita del movimento femminista e dei suoi scritti si è concentrata su temi molto diversi – il tema identitario, la sessualità, l'aborto, i legami famigliari – ma resta comunque, con le sue diverse battaglie, un momento essenziale della lotta per la democrazia. Lo tocchiamo con mano nei Paesi come l'Afghanistan e l'Iran in cui le donne sono quotidianamente oppresse e negate: non ci può essere democrazia solo per una parte della società, sia che questa parte sia caratterizzata dal sesso o dal ceto sociale. Non esiste vera democrazia neppure là dove molti sono condannati ai margini: è la storia dello psichiatra Franco Basaglia che con la moglie Franca Ongaro conduce una formidabile battaglia, a partire dagli anni Sessanta, contro la concezione prevalente del malato di mente come persona non da curare ma da controllare e isolare. Con il loro lavoro scientifico e politico, culminato in *L'istituzione negata*, si arrivò nel 1978 alla legge 180 che sancí la chiusura dei manicomi. Un testo che ha un posto importante fra quei libri che hanno contribuito alla costruzione di un consesso civile autenticamente democratico.

7. *La politica come passione.*

Un altro tema fondante di ogni battaglia per la democrazia è quello della politica. Della parola «politica» per intenderci. Oggi la politica viene denigrata ovunque, confusa con i giochi dei partiti, le loro eterne lotte o con la corruzione. Ma politica non è guardare al bene dello Stato, oltre la propria persona e oltre la propria famiglia? Dovremmo recuperarne il significato piú profondo, il fascino che ha esercitato, i cambiamenti che ha determinato, fin dai dialoghi di Platone e il racconto della morte di Socrate, per poi passare a Tucidide, ai pensatori politici del Cinquecento, quali un Bodin o un Machiavelli, a Spinoza, grande fra i grandi, alla profonda elaborazione illuministica di Montesquieu e Kant. Ma c'è di piú: se si legge quello straordinario romanzo formativo che è *Ultime lettere di Jacopo Ortis* – il Foscolo da me da ragazza piú amato – vi troviamo espressa, oltre all'afflato per la libertà, anche quella stretta connessione fra impegno politico e individuo, cosí presente nel Risorgimento, che avvicina a quell'immagine della politica come passione, tanto viva fino a tempi non troppo lontani. Un altro grande scrittore da collocare senza alcun dubbio nella nostra biblioteca della democrazia per l'immagine che ci offre della lotta politica è Carlo Levi, non solo per i suoi scritti piú famosi, come *Cristo si è fermato a Eboli*, la storia del suo confino sotto il fascismo, ma anche per un suo libro a torto dimenticato, *L'orologio*, in cui si descrivono i primissimi momenti del dopoguerra fra il 1945 e il 1946, la fine del Partito d'azione, la nascita dei partiti in quegli anni difficili, e che rappresenta una straordinaria introduzione al senso della politica, quella di ieri come quella che vorremmo oggi ritrovare.

Se la parola «politica» è tanto deformata e incompresa, che dire della parola «democrazia»? È ormai diventata opinione comune che essa sia il frutto della vittoria elettorale, e quindi del voto della maggioranza. Sarebbe come dire che il regime nazista era democratico perché uscí dalla scheda elettorale, a differenza di quello di Pinochet o Videla, conseguenza di un colpo di stato militare. È ovvio che una vittoria elettorale non consente alla maggioranza di esercitare una sorta di dittatura. Perché un governo sia democratico è necessario il rispetto dei diritti di tutti i cittadini, minoranze comprese, cura e attenzione per tutte le diversità. Che eserciti il potere secondo democrazia e libertà, non soltanto che derivi da libere elezioni.

8. *Le possibilità perdute.*

Ma ci siamo davvero sempre battuti per la democrazia? L'abbiamo sempre, come oggi, considerata un valore da difendere con tutte le nostre forze? La sinistra, in Italia come in Europa, ha spesso sottovalutato la democrazia, e adesso che si adopera per difenderla dall'emergere e dal riemergere di forze oscure, razzismi, sovranismi, disprezzo delle minoranze, si trova a volte priva di argomenti per farlo efficacemente. C'è un buco nero nella nostra storia e nelle nostre coscienze: il gulag. Da giovane lo avevo percepito, forse aiutata dagli strumenti che mi venivano dal mio ambiente famigliare, ma avevo cercato di risolvere questa immane contraddizione attribuendo a Lev Trockij il ruolo del buono, della minoranza, e a Stalin quello della maggioranza. Sapevo di Kronštadt naturalmente, la ribellione popolare contro i bolscevichi del 1921 repressa nel sangue da Trockij, il fondatore dell'Armata rossa ahimè e non solo il grande eretico del bolscevismo. Dovettero passare tuttavia molti anni prima che io rinunciassi al fascino esercitato su di me da Trockij. Ma non si può rinunciare all'idea che cambiare il mondo sia giusto, non si può far passare il concetto che lottare per il cambiamento sia sempre foriero di genocidi e immani sventure. E allora, non dovremmo nelle nostre letture e riflessioni cercare il momento in cui poteva essere ancora fermata l'idea della dittatura, in questo caso della dittatura del proletariato, e cosa sarebbe successo se avessero vinto i menscevichi o i socialisti rivoluzionari invece di Lenin e Trockij?

In questo caso, sarebbe ora di insegnare e far capire le infinite possibilità perdute, per tutti noi non solo per la Russia, con la vittoria dei bolscevichi e la sconfitta dei menscevichi, di cui nessuno parla piú, cancellati dalla storia.

Ma il discorso è piú ampio. E c'è l'idea che la storia non si fa con i se, che in fondo corrisponde molto a quella secondo cui la vera storia si occupa di maggioranze e non di minoranze. La storia forse si può fare non con i se, ma con le possibilità, con le scelte mancate. Torniamo sempre, in un modo o nell'altro, allo stesso punto: la libertà, la scelta. E le occasioni perdute, i punti di non ritorno. Quando si sarebbe potuto fermare Hitler? Quando la Russia, dopo la caduta del Muro di Berlino, avrebbe potuto intraprendere un percorso, sia pur lungo e difficile, di democratizzazione? E non lavoriamo tutti, noi che studiamo, scriviamo, insegniamo, per cogliere le possibilità, le scelte, e trasmetterne la conoscenza? E non è a questo che deve servire una biblioteca democratica?

9. *Gli eretici del Novecento.*

Molti, moltissimi sono i libri di quanti nel Novecento hanno percorso una strada difficile e spesso solitaria insegnandoci la libertà e la responsabilità. Tutti, o quasi, questi libri sono opera di uomini e donne che hanno iniziato la loro riflessione e la loro battaglia politica con l'intento di cambiare il mondo e che le circostanze della loro vita, o le riflessioni che ne sono scaturite, hanno portato a scrivere e a combattere contro i conformismi, i totalitarismi, le utopie sanguinarie, l'idea che il fine giustifichi i mezzi.

Sono tanti e se li allineiamo tutti insieme, riempiono interi scaffali della nostra biblioteca. Arthur Koestler, comunista ungherese, ruppe con il comunismo dopo il processo a Nikolaj Bucharin, uno dei maggiori leader e teorici della rivoluzione bolscevica, entrato in conflitto con Stalin, processato come trockista nel 1938 e giustiziato. Il suo *Buio a mezzogiorno*, scritto nel 1940 in Francia poco prima che Koestler riuscisse a rifugiarsi in Inghilterra – passato quasi inosservato in una guerra in cui Stalin era alleato delle democrazie –, è divenuto nel dopoguerra un libro di grande risonanza. In *Buio a mezzogiorno* si svela il meccanismo delle rivoluzioni che divorano non solo i loro figli ma anche i loro autori. Nel romanzo l'inquisitore dice a Rubashov, l'inquisito: «La politica dell'opposizione è l'errore. È vostro compito, quindi, rendere l'opposizione spregevole [...]. La vostra testimonianza al processo sarà l'ultimo servigio che potrete rendere al partito»: un invito a confessare il falso per amore verso il comunismo.

Un altro eretico che molto mi ha insegnato è George Orwell. Di tutti i libri importanti che ha scritto – fra l'altro il fondamentale *1984* – è *Omaggio alla Catalogna* quello che ho piú amato, forse perché racconta la tragedia della guerra di Spagna, quando i comunisti sterminano gli anarchici e i poumisti, cioè quelli che comunisti non erano ma erano invece loro compagni nella guerra al franchismo. Una guerra che mi toccava da vicino perché vi era morto a poco piú di vent'anni anche mio zio Renzo Giua, nelle Brigate internazionali. Una guerra perduta nel sangue e nella repressione, ma che poteva insegnare piú di una guerra vinta.

Non molto distante da quello di Koestler fu il percorso di Margarete Buber-Neumann, il cui libro *Prigioniera di Stalin e di Hitler* racconta la sua esperienza prima nel gulag e poi nel campo nazista di Ravensbrück. E ancora, un altro eretico del comunismo è stato Ignazio Silone, fra i fondatori nel 1921 del Partito comunista, da cui fu espulso nel 1931 sotto l'accusa di trockismo, antifascista, esule. Il suo libro piú noto, *Fontamara*, è fra i capolavori della letteratura italiana.

Ma l'elenco degli eretici del XX secolo è lungo, lunghissimo. Quella del dopoguerra fu una stagione terribile, segnata dalla Guerra fredda, e nessuno della sinistra osava dire il vero sul regime sovietico per paura di essere accusato di tradimento. Chi come questi eretici lo fece si trovò ad affrontare accuse e persecuzioni.

10. *L'altra Europa.*

Una posizione preminente fra i testi determinanti per la democrazia spetta al *Manifesto di Ventotene* (pubblicato per la prima volta nell'agosto 1944 con una prefazione di Eugenio Colorni), cioè lo scritto che propone l'idea di

Europa, un'Europa democratica, antirazzista, ostile ieri ai nazionalismi e oggi ai sovranismi. I suoi autori erano Altiero Spinelli, Ernesto Rossi e lo stesso Colorni, e lo scrivevano clandestinamente nel confino di Ventotene, alla fine del 1941, quando i nazisti sembravano vincitori e l'idea di un'unione europea sembrava un'assurda utopia. La moglie di Colorni, Ursula Hirschmann, e quella di Rossi, Ada, lo avrebbero portato clandestinamente fuori dal confino. Colorni sarebbe morto nel 1944 a Roma, dove era uno dei dirigenti della Resistenza, assassinato da uno sgherro fascista. Rossi e Spinelli avevano fatto anni di carcere prima di essere relegati a Ventotene. Altiero Spinelli era un altro di quegli eretici di cui stiamo parlando: comunista, si era infatti allontanato dal partito ancora in carcere, all'epoca delle grandi purghe di Stalin e ne aveva sofferto accuse e solitudine.

11. *La chiusura del cerchio.*

Della storia degli ebrei, ora il principale dei miei interessi, cominciai a occuparmi tardi, e ancora piú tardi, verso la fine del millennio, della memoria della Shoah, delle sue difficoltà, dei suoi rischi come della sua necessità. Con la sensazione di stare chiudendo un cerchio, di tornare in modo piú maturo e consapevole a occuparmi di quelle lontane memorie della mia giovinezza, e del loro insegnamento. La spinta mi arrivò soprattutto da *I sommersi e i salvati* di Primo Levi: leggerlo tanto vicino alla sua morte mi dava la sensazione che anche in quelle sue pagine vi fosse un cerchio che si chiudeva. La riflessione di Levi sulla Shoah ma anche sulla sua memoria e su quello che rappresenta nella seconda metà degli anni Ottanta è qualcosa di molto piú profondo di una memoria sui campi. Come già era riuscito a trasmettere l'esperienza del lager in *Se questo è un uomo,* arrivando a tutti, ebrei e non ebrei, parlando ai ragazzi nelle scuole nel suo straordinario understatement, senza un filo di retorica o di vittimismo, cosí ora in *I sommersi e i salvati* Levi apre a considerazioni che sembrano fare di quell'esperienza della Shoah una riflessione che avrebbe dovuto essere definitiva sul male e sul bene, sulla storia, sulla responsabilità degli esseri umani.

Non fu cosí, perché il paradigma vittimistico avrebbe in qualche modo prevalso negli anni successivi, determinando quella chiusura sulla sola esperienza degli ebrei che ci avrebbe posto di fronte a molta retorica e a molte dimenticanze della terribile molteplicità dei campi nazisti e delle loro vittime. Per questo, anche se non parlano di democrazia, tutti i libri di Primo Levi, a partire da quelli sulla deportazione, sono parte indispensabile di ogni biblioteca democratica.

Dalla Shoah viene o dovrebbe venir spontaneo guardare agli altri genocidi. Ricordo di essermi entusiasmata al racconto di come gli ebrei chiusi nei ghetti si passassero di mano *I quaranta giorni del Mussa Dagh* di Franz Werfel, uscito nel 1933, in cui vedevano una prefigurazione del destino loro riservato. Io vi vedevo la conferma dell'importanza di leggere, di conoscere, di riflettere, in tutte le situazioni, e mi piaceva pensare che avesse alimentato anche il coraggio disperato di un Anielewicz o di un Marek Edelman, i combattenti del ghetto di Varsavia. E allora, come non ripercorrere la storia del modo in cui, attraverso i terribili genocidi del Novecento, si è arrivati a coniare il termine stesso di genocidio e il concetto giuridico di crimini di guerra? Il termine fu coniato per distinguere, nella guerra sempre terribile e ingiusta, le atrocità particolari rivolte contro i civili. E serve a spiegare ai piú giovani come quella elaborazione, nata dallo sterminio degli ebrei e prima ancora da quello degli armeni, nella mente del giurista ebreo polacco Raphael Lemkin, abbia consentito l'esistenza dei tribunali internazionali, da Norimberga a L'Aja, e la punizione dei criminali, dai nazisti a Milošević. Quei testi giuridici, quelle riflessioni storiche, quegli atti processuali non possono mancare in una biblioteca democratica. Se non altro per spiegarci l'onta di Monaco, in cui nel 1938 le democrazie per ottenere la pace consegnarono l'Europa a Hitler, ottenendo invece la guerra. Oggi tutto questo ci parla dell'Ucraina, ma può parlarci anche di Srebrenica e del Ruanda, senza dimenticare il conflitto che in questi mesi ci riempie di angoscia, quello di Israele con Hamas.

12. *Non vittime, ma combattenti.*

Sembra che nella mia biblioteca democratica, quella che ho letto e poi trasmesso, ci siano solo eretici, solo minoranze. Ma la democrazia non si identifica anche e soprattutto con la libertà di essere come si vuole, anche se si è una piccola minoranza, di pregare come si vuole o non pregare, di leggere ciò che si vuole, di amare come si vuole? Di vivere cioè in un mondo ricco di diversità, senza che nessuna di quelle diversità sia minacciata, conculcata, oppressa? Nel nostro mondo democratico, in cui pure tutto questo è sempre costantemente a rischio, la democrazia si svela proprio guardando ai regimi totalitari, alle dittature, e confrontando le nostre libertà, anche se fragili, con la loro oppressione. Questo in fondo è quanto hanno fatto se non i piú lontani fra noi di questi eretici, almeno gli ultimi di loro, i piú vicini a noi e alle nostre menti: riconoscere le minacce, affrontarle, anche se in pochi, anche se da soli.

Non è infatti per il loro essere, in tante situazioni, vittime, che ci aprono la strada alla democrazia, al rifiuto del razzismo, della sopraffazione, dell'odio che divora dall'interno le nostre società. Molti di loro sono stati è vero assassinati per quello che erano, ma il senso che hanno dato alle loro vite non è riducibile alla condizione di vittima, ma è al contrario legato alla fisionomia del combattente, alla natura di chi è in grado di vedere e di fare delle scelte. Non è per il loro essere vittime, anche se lo sono stati, che i morti della Shoah ci spingono verso società piú giuste, in cui questo non possa ripetersi, ma perché ci indicano la strada. Tutti derivano proprio dal loro essere eretici rispetto a tutte le ortodossie il coraggio che hanno di fare delle scelte anche dolorose, la capacità di distinguere il giusto dall'ingiusto e di battersi in difesa dei deboli, degli oppressi, degli emarginati. Oggi salvano i migranti in mare, combattono contro i sovranismi, si oppongono ai razzismi, hanno in mente un mondo piú giusto e senza muri o frontiere.

E cosí nella mia privata biblioteca democratica la democrazia è piú presente che nominata o descritta. Vi figurano libri che ci raccontano le minoranze, le donne accusate di stregoneria, gli eretici a tutte le religioni. Per dirci che le minoranze sono il sale della società e senza di loro le maggioranze stesse non sono che potenziali dittature. Sono i libri di coloro che dentro il mondo della maggioranza hanno trovato il coraggio di opporsi alle sue regole, di scrivere, solitari, parole che avrebbero contato solo molti anni dopo. I libri degli apostati, o considerati tali. I libri di chi ha creato, con la sua riflessione politica, l'idea stessa di politica e quella di democrazia. Di chi è stato definito traditore, come Trockij, Orwell, Bucharin, Silone, Spinelli. Quelli di chi è stato al confine tra i mondi, le religioni, le società. Quelli che ancora aspettano la libertà, resi schiavi dalle aggressioni coloniali e resi un po' meno schiavi dalla liberazione dal colonialismo. Quelli che hanno denunciato razzismi, torture e violenze sulla propria pelle per darci gli strumenti per combattere tutte le violenze. Quelli di chi ha svelato che l'utopia di un mondo di uguali era stata realizzata col sangue e il privilegio del potere, e che forse ogni utopia gronda questo sangue nel suo realizzarsi. Quelli di chi ha raccontato, per averlo subito, l'estremo oltraggio del campo di sterminio per la sola colpa di essere nato. Quelli che ci raccontano altri genocidi, altre infinite crudeltà di questo terribile secolo passato che si è prolungato nel nostro secolo, con altre terribili violenze. E ci raccontano dei giusti, di chi ha salvato vite, di chi non è stato indifferente, per incitarci a comprendere che per tutti noi c'è un momento della scelta. Quelli che hanno riconosciuto in sé stessi o nei loro cari questa indifferenza e hanno trovato il modo di cambiarsi.

Sono tanti, tantissimi, come tanti sono i loro libri. Forse pochi di loro ci parlano a chiare lettere di democrazia. Ma tutti hanno contribuito alla mia coscienza democratica.

Aldo Schiavone

Da Hemingway a Marx.
Bussole per un secolo in tempesta

Aldo Schiavone (Napoli, 1944) è socio onorario dell'American Academy of Arts and Sciences e membro dell'Institute for Advanced Study. Ha insegnato nelle Università di Bari, Firenze, dove è stato Preside della Facoltà di Giurisprudenza, nell'Istituto italiano di Scienze umane, di cui è stato fondatore e Rettore, e nella Scuola Normale Superiore. Tra i suoi libri: *Eguaglianza. Una nuova visione sul filo della storia*, Einaudi, Torino 2019; *L'Occidente e la nascita di una civiltà planetaria*, il Mulino, Bologna 2021; *Sinistra! Un manifesto*, Einaudi, Torino 2023 e *Cleopatra. Una donna*, Einaudi, Torino 2023. Ha diretto la *Storia di Roma*, Einaudi, Torino 1999.

Confesso che faccio fatica a parlare dei libri che hanno reso la mia vita quello che è stata, e che è ancora: con la politica che vi ha sempre tenuto un posto determinante, insieme agli studi, agli amori e alla scrittura (senza che la sequenza implichi una graduatoria). Perché i libri – pochissimi – che mi hanno costruito veramente sono diventati, con il passare dei decenni, cosí tanto parte di me stesso, che a discorrerne mi sembra di svelare un pezzo di me, sul quale una specie di ostinato pudore mi spinge a tacere, o comunque a passarvi sopra il piú in fretta possibile.

Con una certa difficoltà, dunque, comincerò con l'indicarne tre, che ho messo adesso innanzi a me, sul tavolo dal quale sto scrivendo con il mare di Napoli di fronte, e che conservo ancora nella veste tipografica avuta per prima tra le mani, oltre mezzo secolo fa. Eccoli (e questa volta la successione indica la cronologia delle mie letture): *Per chi suona la campana*, di Ernest Hemingway, nell'edizione Mondadori in due volumi del 1959; *La storia come pensiero e come azione* di Benedetto Croce, nella gloriosa edizione Laterza color mattone (la sesta) del 1954; e *Il marxismo e Hegel* di Lucio Colletti, sempre pubblicato da Laterza, nel 1969. Mi sarebbe piaciuto, ora, poter aggiungere a questo piccolissimo gruppo un qualche testo di Gramsci o di Primo Levi – e anche, per la piega che poi avrebbero preso per me le cose, un paio di grandi libri della Biblioteca di cultura storica dell'Einaudi. Ma la verità è che non è andata cosí: quelle letture sono arrivate dopo, in un secondo momento, quando si trattava di consolidare l'edificio delle mie scelte politiche e di ricerca, dando loro basi piú ferme e sicure, non di gettarne le prime fondamenta.

Comprai *Per chi suona la campana* nell'estate del 1960, dopo aver iniziato a inoltrarmi nel mondo di Hemingway con *Addio alle armi*. Nella quieta, civile e un po' sonnolenta Salerno, dove allora aveva casa la mia famiglia, arrivava in quei giorni di luglio l'eco smorzata e tuttavia ancora forte dei fatti di Genova e di Reggio Emilia, con la polizia che aveva aperto il fuoco sulla folla scesa in strada a manifestare duramente – anche con frange di aperta violenza – contro il neofascismo del Movimento sociale, e contro il governo Tambroni che si reggeva in Parlamento sui suoi voti. Ricordo che se ne discusse molto nel mio liceo, e cominciammo a dividerci, noi studenti, sia pure senza grandi asprezze: non avevo ancora sedici anni.

Nella scrittura di Hemingway mi sembrò cosí di trovare – in una inaspettata saldatura fra la cronaca di quelle giornate e il racconto del romanzo – ciò che direi la poesia eroica dell'antifascismo: una specie di epica civile, congiunta all'idea che ci fosse un nesso strettissimo tra resistenza al fascismo, democrazia e libertà, e che queste ultime fossero conquiste non fatte una volta per tutte, ma da difendere ancora a ogni costo, giorno per giorno, anche mettendo in gioco la propria vita, se necessario.

E insieme, mi sembrò di intravedere in quel libro un aspetto suggestivamente romantico di quella lotta e di quell'impegno, e nello stesso tempo qualcosa di virilmente giovanile: elementi – mestiere della guerra ed esercizio delle passioni – per la verità davvero presenti nelle pagine di Hemingway. Mi convinsi insomma che il ricorso antifascista alle armi e l'esperienza della prova e del combattimento facessero parte della formazione sul campo di quel che si definisce un vero uomo. Piú tardi, attraverso una conoscenza migliore della Resistenza italiana, sia letteraria – Pavese, Fenoglio, Vittorini, sino a Revelli – sia piú propriamente storica – da Battaglia a Bocca, a De Luna, solo per fare qualche nome – quelle prime impressioni si sarebbero stemperate in un giudizio piú meditato e complesso, ma ricordo che allora l'impatto di quel primo grumo di sensazioni fu fortissimo. Divorai il libro in una tempesta di sentimenti, dal suo folgorante inizio («Il mento poggiato sulle braccia incrociate, l'uomo era disteso sulla terra bruna del bosco coperta d'aghi di pino») sino al finale tragico e sospeso, che mi lasciò impietrito di dolore («Aspettava che l'ufficiale giungesse nel tratto soleggiato dove i pini della foresta finivano, e cominciava la verde china del prato. Sentiva il cuore battergli contro il terreno coperto d'aghi della pineta»): ancora la terra, di nuovo gli aghi di pino: in una circolarità narrativa quasi perfetta.

A quel tempo non avrei potuto saperlo, ma era dai racconti di guerra di Stephen Crane che Hemingway aveva appreso, oltre che dal personale talento, quel suo modo di mettere in scena l'atroce meccanica della battaglia e l'animo frantumato di chi ne è coinvolto: una maniera che una volta conosciuta, non la dimentichi piú, come ci ha ben mostrato Paul Auster nel magnifico *Ragazzo in fiamme*: un libro che ogni appassionato di storia dovrebbe leggere, perché segna una nuova, piú avanzata e sottile frontiera fra storiografia e narrazione, fra ricerca sulle fonti e modo di raccontarla.

Vi erano poi altri due aspetti che mi colpirono molto nel libro di Hemingway: la leggerezza e l'antiretorica – qualità che rendono la sua lettura preziosa ancora oggi, al di là del rapporto – per fortuna assai piú critico, complesso e di tendenziale ripulsa – che noi abbiamo ormai con la guerra. Il che però non può impedirci di riconoscere – con il protagonista del romanzo – che non tutti i conflitti sono eguali; e che in situazioni estreme sono indispensabili scelte altrettanto drastiche.

Ed è anche per questo insegnamento che piú tardi, fin dai primi passi nel mondo della politica, non avrei mai sopportato la vuota enfasi intorno all'antifascismo, con i luoghi comuni, le frasi a effetto, le formule subito diventate, per la loro stessa iperbolicità, trite e senza rapporto con la realtà. E devo aggiungere che in un simile fastidio sarebbe stato poi compreso anche il rifiuto per la retorica della «Costituzione piú bella del mondo». Nei miei anni di università – i primi anni Sessanta – il diritto costituzionale si insegnava in genere ancora malissimo: e a Napoli peggio, con un vero e proprio occultamento del dettato della Carta, la cui intera prima parte veniva bollata come ideologica e fumosa, inutili proclami di cui non valeva la pena parlare, lontani dall'autentico diritto. Piú tardi, guidato da altre letture, mi sarebbe stata chiara l'importanza decisiva di quel testo (ricordo ancora *Sulla consuetudine costituzionale nella teoria delle fonti del diritto*, credo il primo libro di Gustavo Zagrebelsky, pubblicato dall'Utet nel 1970, per non dire di Calamandrei e del suo *Discorso sulla Costituzione* del 1955, che lessi spintovi da Andrea Proto Pisani). E tanto piú sarebbe aumentata in me la distanza da chi, sommergendola di lodi, finiva per oscurare l'effettiva portata di quelle norme, e il lavorio, anche contraddittorio ma sempre lucido e densissimo di idee, che aveva accompagnato la stesura di ogni loro prescrizione.

E c'era poi, tornando al mio Hemingway, l'inarrivabile levità con cui trattava il rischio e la morte; anche questa una lezione sempre attuale: quell'aura di impalpabile ma onnipresente aristocratica sprezzatura (non saprei come altro chiamarla) per la vita messa di continuo a repentaglio, che copriva il realismo del racconto e rendeva leggera ogni prova, e quasi senza peso ogni scelta, compresa quella estrema del sacrificio. Un esempio da cui ricavai tutta l'ammirazione che ho sempre avuto per il coraggio – anche fisico – se ben impiegato, e insieme il disgusto per ogni insensata esaltazione muscolare o militarista (a quest'ultimo contribuiva mio padre, che aveva prestato servizio nella Sanità militare tra il Piave e l'Isonzo, e aveva avuto modo di intravedere Hemingway da vicino, su un'ambulanza della Croce Rossa: ma è un'altra storia).

1. *Filosofia e libertà.*

Tra il liceo e i primi anni d'università leggevo moltissima filosofia – che è stata la prima grande passione intellettuale della mia vita: quella per la storia è venuta dopo, ed è cresciuta piú lentamente, per vie spesso oblique. Divoravo soprattutto i classici, uno dopo l'altro, da Platone a Hegel, seguendo un grossolano itinerario che mi ero fatto per conto mio, in una vertigine d'improvvisazione autodidatta. Naturalmente, capivo il giusto. Ma qualcosa, non saprei dire nemmeno come, restava: una certa dimestichezza con il lessico, e una qual precoce familiarità con un'ossatura di categorie, di questioni e di problemi.

Tutto era cominciato nell'ultimo anno di ginnasio, ed era partito dalla critica letteraria: da Francesco De Sanctis, la sua *Storia*, i tre volumi dei *Saggi critici*, sempre nell'edizione laterziana. Da lí il passo verso Croce era stato breve, e quasi inevitabile: cominciai dall'*Estetica* e da *La poesia di Dante*, e poi venne il resto della *Filosofia dello spirito*. La mia prima scelta filosofica fu cosí, con un'adesione quasi inevitabile, per lo storicismo idealista, in anni in cui i giovani cui piaceva questo tipo di studi erano in genere esistenzialisti o marxisti (in minor numero aderenti a orientamenti legati al pensiero cattolico). E fu in questo contesto che lessi – fra il '62 e il '63, tra l'ultimo anno di liceo e il primo di università a Napoli – *La storia come pensiero e come azione*. Allora non sapevo che avevo di fronte forse il libro piú bello di Croce, uno straordinario ammonimento a non lasciarsi andare al pessimismo, scritto proprio nell'ora piú buia: con una forza che dovremmo tutti aver sempre presente. Era anche, quel saggio, il punto di svolta – ma nello stesso tempo di equilibrio estremo – fra il sistema neoidealistico degli anni della prima maturità del filosofo, e la rottura vitalistica del periodo piú tardo; il momento, insomma, di maggior tensione, nel suo pensiero, tra le Forme e la Vita. Allora non intuivo nemmeno tutto questo, interamente catturato com'ero da una lettura fortemente continuista del lavoro crociano, che era a quel tempo l'interpretazione di gran lunga piú comune; ma comunque quel libro mi incantò. Ancora decenni dopo l'avrei utilizzato come punto di partenza in qualche seminario: e credo con successo, perché c'è qualcosa in quel libro che non smette di conquistare, e che va molto al di là della filosofia.

«Asserire morta la libertà vale lo stesso che asserire morta la vita, spezzata la sua intima molla», leggevo (agli inizi del cap. XII della prima parte), e tumultuosamente mi figuravo cosa avesse significato scrivere cosí agli inizi del 1938, con l'Europa divorata dal nazifascismo che sembrava in quel momento dotato di un'irresistibile forza espansiva; con l'Italia nella morsa di una dittatura che raccoglieva un consenso prima nemmeno immaginabile; e con l'Unione

Sovietica interamente nelle mani di Stalin. Quale forza intellettuale e morale vi fosse stata dietro quell'affermazione cosí vibrante, e quale incrollabile fiducia di trovarsi comunque dalla parte giusta della storia, teoreticamente non meno che eticamente e politicamente. Certo, devo aggiungere che dove Croce scriveva «libertà», io vedevo anche «democrazia»; ma non era una lettura nemmeno troppo forzata, anche se senza dubbio un po' disinvolta e, come dire, abbreviata: le grandi democrazie di massa della seconda parte del XX secolo, spesso di impronta laburista – quelle che erano sotto i miei occhi mentre riflettevo – non erano certamente ciò che Croce aveva in mente quando scriveva quelle parole; sebbene, appena dopo, egli stesso facesse esplicito riferimento alle «democrazie [...] come quelle della Grecia nel IV secolo».

E trovavo ancora, nelle stesse pagine: «Anche senza soffermarsi sugli avvenimenti e sulle condizioni contemporanee onde in molti paesi gli ordini liberali [...] sono crollati e in molti altri s'allarga il desiderio di questo crollo, la storia tutta mostra, con brevi intervalli d'inquieta e disordinata libertà [...] un accavallarsi di oppressioni, d'invasioni barbariche, di depredazioni [...] di guerre tra i popoli e nei popoli, di persecuzioni, di esilî e di patiboli. E, con questa vista innanzi agli occhi, il detto che la storia è storia della libertà suona come un'ironia, o, asserito sul serio, come una balordaggine. Senonché la filosofia non sta al mondo per lasciarsi sopraffare dalla realtà quale si configura nelle immaginazioni percosse e smarrite, ma per interpretarla, sgombrando le immaginazioni. Cosí [...] essa [...] ben sa come l'uomo che rende schiavo l'altro uomo sveglia nell'altro la coscienza di sé e lo avvia alla libertà». Scoprii presto che l'ultima frase era una reminiscenza hegeliana (dalla *Fenomenologia dello spirito*, il celebre paragrafo sul signore e il servo nella sezione sull'autocoscienza), ma questo allora aveva poca importanza. Quello che mi pareva essenziale era che tutto il saggio di Croce fosse costruito su un intreccio fra storia, etica e politica in cui il movimento della storicità poteva essere identificato come un percorso teso alla realizzazione del massimo di libertà (per il me di quel tempo: anche del massimo di democrazia), dal momento che «se la storia non è punto un idillio, non è neppure "una tragedia di orrori", ma è un dramma in cui tutte le azioni, tutti i personaggi [...] sono colpevoli-incolpevoli, misti di bene e di male, e tuttavia il pensiero direttivo è in essa sempre il bene, a cui il male finisce per servire da stimolo» (ancora nelle medesime pagine).

Attraverso queste frasi prendeva corpo per me una visione intrinsecamente progressiva della storia con cui subito mi identificai, e che non avrei mai piú abbandonato, sia pure rielaborandola attraverso quadri concettuali sempre piú lontani dallo storicismo degli inizi. E devo aggiungere che due altri libri letti in quegli anni furono determinanti per me nello stesso senso, e contribuirono a confermarmi nella convinzione dell'importanza della politica come lotta per una democrazia in continuo cammino verso la sua piena compiutezza: *Il ritorno alla ragione*, che conservo nella prima edizione del 1946, e la *Storia del liberalismo europeo*, pubblicato nel 1925 (ma che vidi solo in un'edizione del 1959), entrambi di Guido De Ruggiero: senza dubbio l'allievo migliore e piú intelligente di Croce. In apertura del primo di questi lavori c'è una definizione lapidaria e memorabile di storicismo – «Per storicismo s'intende generalmente un indirizzo di pensiero che fa consistere la realtà in un processo spirituale dinamico che nel suo corso realizza valori universali, in forme individualizzate, che mai si ripetono» – che considero tuttora un classico.

Insomma, anche se ritenevo Croce (e la sua scuola piú significativa) una guida sicura sia per muovermi nell'oceano della filosofia moderna, sia per guardare piú da vicino all'universo della politica che mi attirava sempre di piú, cominciavo a essere piú consapevole della torsione accentuatamente democratica che imprimevo cosí al liberalismo di Croce. Ma conciliare il filosofo napoletano con una visione socialdemocratica della politica (che poi era quella appresa in casa da mio padre) mi pareva un'operazione legittima, e anzi, in qualche modo, una felice lettura «in progress» di Croce stesso, che lo attualizzava senza snaturarlo. Un modo per conservarne criticamente la lezione in un Occidente dove, dopo Kennedy e dopo l'esperienza del «welfare» inglese e nordeuropeo, le grandi democrazie sembravano custodire e anticipare il futuro almeno di quella parte di mondo.

2. *La scienza della storia.*

Poi arrivò il '68, e ci fu per me l'incontro con il marxismo, che fino ad allora avevo quasi completamente ignorato. Gli autori in auge sull'onda della contestazione e dei seminari nelle università occupate non mi piacevano. Non sopportavo Marcuse, e, devo ammetterlo, neppure Adorno, che trovavo inutilmente oscuro e involuto (provai anche a leggerne qualche pagina in tedesco, che allora stavo studiando per altre ragioni: ma fu ancora peggio; molto dopo mi ricredetti solo con i *Tre studi su Hegel*, del '63, tradotto dal Mulino nel '71). Si parlava in quei mesi anche continuamente di Marx, nelle aule affollate e nei cortei, ma in una maniera che trovavo insieme frivola, superficiale e grossolana. In altre parole: mi entusiasmava la ventata di modernizzazione e di libertà, ma diffidavo delle basi teoriche che si cercava di attribuire a quella benefica tempesta.

Intanto mi erano accadute due cose: l'incontro con Biagio De Giovanni, in una casa napoletana che ho molto amato, immersa nel verde di Posillipo, nella primavera del '68; e la lettura, appena uscito, di *Il marxismo e Hegel* di Lucio Colletti – il piú dotato fra gli allievi di Galvano della Volpe – credo agli inizi del '69. E cominciamo da quest'ultimo: un grande libro, brillante, acuto e freschissimo ancora oggi, che dovremmo saper riscoprire, pur sepolto com'è da un cumulo immenso di macerie: le rovine di un mondo intero. A ogni pagina vi senti fremere limpida intelligenza e sorvegliata passione; scopri originalità interpretativa e padronanza dei testi; e avverti dovunque il sottofondo ardente della politica: cose di cui oggi stiamo perdendo persino la memoria, anche tra gli intellettuali, ma che dovremmo cercare a tutti i costi di trasmettere alle giovani generazioni. Imparai cosí, una pagina dopo l'altra, che il marxismo poteva essere qualcosa di tremendamente serio, se lo si prendeva dal verso giusto; e che Marx era un grande autore, di quelli che ti schiudono innanzi un intero universo: giudizio che non ho mutato da allora, e che bisognerebbe avere il coraggio di riproporre, oggi piú che mai – anzi, di combattervi intorno una vera battaglia di idee.

In quel periodo mi stavo anche avvicinando tortuosamente alla storia: il tramite era il diritto romano, che per lunga tradizione aveva in verità poco a che fare con essa, ma era tuttavia la disciplina meno lontana dai miei interessi che potesse offrire allora la facoltà di Giurisprudenza, cui mi ero iscritto per dipendenza da mio padre (che poi sarebbe morto a metà dei miei studi, lasciandomi libero d'improvviso). Vi sarebbe stato anche l'insegnamento di Filosofia del diritto a dire il vero: ma in quegli anni la cattedra era senza titolare, affidata provvisoriamente ad assistenti che non esercitavano su di me fascino alcuno. Mentre il professore che insegnava Istituzioni di diritto romano – Antonio Guarino – mi aveva messo subito sotto la sua ala: una scelta che mi era parsa quasi miracolosa, destinata ad avere un peso determinante sulla mia vita.

Il libro di Colletti era – e resta tuttora – una straordinaria introduzione al pensiero di Marx. Soprattutto nella sua seconda parte, che compone un serrato crescendo interpretativo, fino ai due capitoli finali – *Il concetto di «rapporti sociali di produzione»* e *Idea di società «cristiano-borghese»* – che rappresentarono per me un'autentica rivelazione. Ed era anche un modo – che mi sembrò particolarmente efficace – di combinare storia e filosofia: allora il mio piú grande problema. All'Hegel di Croce si sostituí cosí di colpo nella mia mente l'Hegel di Colletti: che metteva in scena – o credeva di farlo – l'Hegel di Marx. E in questa suggestione, a Marx presi subito a dedicarmi, in un susseguirsi di letture a mano a mano piú intense, che avrebbero cambiato il mio modo di pensare, e tracciato la direzione della mia via alla storia («noi conosciamo un'unica scienza, la scienza della storia», è scritto in una variante del primo capitolo dell'*Ideologia tedesca*). i *Manoscritti del '44*; *Il Manifesto*; *Per la critica dell'economia politica*, con la celebre «Introduzione del '57»; il primo volume del *Capitale*; i *Grundrisse*: tutti, salvo questi ultimi – pubblicati prima da La Nuova Italia (nel '68) e poi da Einaudi (nel '76) – nell'edizione degli Editori Riuniti: quella con la rilegatura bordeaux e la sovracopertina bianca, rossa e nera.

Marx non è mai stato un teorico della politica, e tantomeno della democrazia, e può oggi apparire singolare che venga ricordato – come sto facendo – tra gli autori capaci di avvicinare a una concezione conseguentemente democratica dell'agire politico. Ma pure sono convinto che dopo di lui è impossibile pensare alla democrazia – in qualunque sua forma – senza passare in qualche modo per il suo pensiero. Ed è stato infatti attraverso le sue opere che ho appreso una lezione che considero decisiva nella mia formazione, e che ritengo oggi piú che mai attuale: e cioè che, se si limita l'idea di democrazia al rispetto di una procedura soltanto formale, ci si arrocca certo a difesa di una conquista irrinunciabile; ma si perde nello stesso tempo un aspetto essenziale della modernità. Perché quest'ultima ha sempre cercato, in modi diversi di cui è piena la storia, di legare a quel formalismo, pur di per sé indispensabile, qualcosa di piú sostanziale, in grado di toccare le condizioni materiali della vita delle donne e degli uomini su questa terra, e non soltanto il quadro giuridico e politico in cui si sviluppa la loro esistenza. Un nodo ben chiaro a chi ha scritto l'art. 3 della nostra Costituzione: con quello straordinario «di fatto» che ne segna la formulazione («è compito della Repubblica rimuovere gli ostacoli di ordine economico e sociale che limitando *di fatto* la libertà e l'eguaglianza dei cittadini impediscono...»), e viene aperta una finestra sul futuro della democrazia, oltre una veduta solo formale del diritto e dell'eguaglianza.

E ancora oggi, per quanti errori e lacune e cadute abbiamo rintracciato nelle analisi di Marx, e per quanto esse ci appaiano coinvolte in immani tragedie del XX secolo e per quanto, soprattutto, sia cambiato il mondo, credo che sia impossibile farne a meno: e questo fa ancora una grande differenza, di cui è urgente tornare ad accorgersi. Al fondo, scopriamo che, nonostante tutto, c'è qualcosa che resiste in quel pensiero, da non perdere: una parte della nostra stessa modernità, e in particolare della sua capacità di autocritica. E credo che anche per questo, non solo chi si dedichi professionalmente allo studio del passato, ma chiunque voglia ancora guardare con speranza alla politica non possa fare a meno di riconoscere il proprio debito nei suoi confronti. L'incomparabile attitudine a storicizzare il proprio presente, a scoprire la storia, e solo lei, dove altri si ostinavano (e si ostinano ancora, piú che mai!) a vedere la presenza di immodificabili «leggi naturali» dell'economia, della società e dell'etica rimane una lezione insostituibile: basta pensare oggi a temi come quello dell'illimitata accumulazione individuale della ricchezza e del potere, fino a una sorta di privatizzazione dell'intero pianeta; per non dire di tutte le questioni legate alla condizione femminile, o alla storia della famiglia. E resta poi ineguagliato il talento di Marx nell'indicare all'indagine storica la necessità di elaborare schemi e categorie in grado di integrare in un'unica connessione interpretativa eventi e strutture; nel saper affondare lo sguardo nella durezza dei fatti per rivelarne i meccanismi nascosti («non vi sarebbe scienza se la forma fenomenica delle cose e la loro essenza immediatamente coincidessero», è scritto in una pagina sicuramente attribuibile a lui del terzo libro del *Capitale*), e nel tenere insieme in un quadro unitario processi economici, strutture sociali, istituzioni, politica, mentalità. Accostarsi a quelle opere resta un'esperienza memorabile, ora piú che mai. L'intreccio fra fervore intellettuale e vita morale che vi si ritrova quasi a ogni pagina risveglia emozioni profonde: vi senti echi che per fortuna non si spengono.

3. *Educazione alla democrazia.*

Il '69 fu per me oltre che l'anno di Colletti, anche quello in cui mi iscrissi al Pci, e – come ho detto – fu anche l'anno in cui incontrai Biagio De Giovanni (per noi tutti, Gino), allora giovane professore di filosofia a Bari, già circondato di molta luce. Era il primo autentico studioso di filosofia che avessi personalmente conosciuto (ho una qualche resistenza a usare la parola «filosofo»: però di questo si tratta, se se ne parla; dopo, avrei avuto la fortuna della consuetudine con altri due: Remo Bodei e Roberto Esposito, incontrato per la prima volta come mio studente grazie a un'iniziativa di Giuseppe Galasso, favorita da Franco Barbagallo); e devo dire che fu esaltante rendermi conto che ero in grado di discutere con lui di filosofia, e che tutto il lavoro da autodidatta che avevo fatto sino ad allora nella piú completa solitudine aveva avuto dopotutto un senso. Nel 1970 De Giovanni pubblicò con l'editore barese De Donato *Hegel e il tempo storico della società borghese*, un libro a tutt'oggi fondamentale, tra le grandi interpretazioni hegeliane del Novecento: e per me da allora l'Hegel di Croce e poi di Colletti fu sostituito – e lo è tuttora – da quello di De Giovanni.

Sarei rimasto nel Pci per vent'anni, fino al 1988, quando ne fui estromesso: e fu cosí che – come sarebbe del resto capitato a migliaia di intellettuali, e fuori degli studi a milioni di italiani – il compimento politico della mia educazione democratica sarebbe avvenuto attraverso un partito che aveva della democrazia (della democrazia «borghese» come allora si usava dire) un'idea del tutto peculiare. Da un lato essa risultava infatti per il Pci uno strumento già superato nella vita interna del partito: in cui il dibattito, che pure esisteva ed era vivace, veniva poi immancabilmente regolato e concluso dall'alto, da dirigenti scelti sempre per cooptazione, che a loro volta discutevano e decidevano in segreto. Dall'altro però veniva considerata come una figura essenziale, da difendere e da arricchire a ogni costo, nella crescita civile e politica della società italiana: una tappa cruciale nella «transizione» (come allora si diceva) verso il socialismo, che rimaneva l'indiscusso obbiettivo finale; e in questo senso la stessa Costituzione – anch'essa da proteggere e valorizzare in tutti i modi possibili – veniva giudicata come una Carta «aperta al socialismo», come in quel momento pensavamo. Ma bisogna tuttavia aggiungere, per la verità, che anche l'idea cattolica di democrazia, o quanto meno quella fatta propria dalle gerarchie della Chiesa e da una parte consistente della Democrazia cristiana nel suo primo trentennio, finiva con il proporne un'immagine dimezzata, o almeno incompleta e parziale: molto piú come di un ordine disciplinato, come di una comunità di fedeli pur sempre rispettosa di una gerarchia superiore, capace di riscattare con l'obbedienza l'immedicabile fragilità degli individui, che come il regno di una sovranità popolare completamente autoreferente, in grado di non riconoscere nulla al di sopra di sé stessa. Insomma, entrambi i nostri partiti maggiori sono stati maestri in certo senso ambigui – o almeno reticenti – di democrazia: e questo spiega molte delle cose che sarebbero successe in seguito nel nostro Paese; non dobbiamo mai dimenticarlo (un saggio acuto e brillante, scritto da un grande storico, è quello di Silvio Lanaro, *L'Italia nuova. Identità e sviluppo 1861-1988*).

Intanto, nel 1971 era uscito il mio primo libro: avevo ventisei anni. E da allora, la storia dei libri letti cominciò a intrecciarsi, come era inevitabile, con quella dei libri che avevo scritto, o che stavo scrivendo: diventava cioè un'altra storia, ancora piú personale e segreta, alla cui soglia conviene bene fermarsi.

4. *Una condizione mentale.*

Oggi, ritornando con la mente alle lontane letture di un tempo, alle speranze che allora suscitavano e al futuro che, partendo da quelle, ci immaginavamo quasi a portata di mano, potremmo anche essere indotti a ritenere che non vi sia altro se non lo sconforto a far da compagno a chi allora credeva di star per cambiare il mondo. Ma non è cosí. La storia ha preso solo un'altra strada: e non c'è piú il sogno del socialismo e della sua eguaglianza, ormai datata e inattuale, a scaldare i nostri cuori (un libro bellissimo, anche se per me condivisibile solo in parte, su questo dileguarsi rimane quello di François Furet, *Il passato di un'illusione*, che si può leggere nella traduzione italiana pubblicata da Mondadori nel 1995). E però la via che cominciamo appena a scorgere nell'età nuova che si apre non è meno esaltante; e la rivoluzione di cui stiamo vivendo i primi, incerti e ingarbugliati passi non si annuncia meno profonda, sconvolgente e radicale dell'altra, tante volte pensata e poi svanita prima ancora di prendere corpo e forme definite. Solo, è una rivoluzione della tecnica, e non della politica, come avremmo voluto: e questo cambiamento di soggetto vuol dir molto; perché è una rivoluzione che la politica subisce, invece di promuoverla e di esserne la protagonista assoluta. E questa sua nuova e inattesa minorità, di cui ci accorgiamo sempre meglio ogni giorno che passa, e che ormai intravediamo da mille segni, colpisce innanzitutto la democrazia, che della politica era ormai diventata l'unica forma concepibile nel mondo occidentale. Una forma in evidente difficoltà, diversamente dalle due altre invenzioni dell'Occidente – la tecnica e il capitale – che invece, in una solitudine sempre piú pericolosa, stanno ridisegnando il volto del pianeta (a questi temi ho dedicato molti pensieri, da quasi vent'anni, e qualche libro: indico tre lavori che mi hanno aiutato a mettere a fuoco temi e problemi del grande cambiamento: quello di Ray Kurzweil, *La singolarità è vicina*, uscito in America nel 2005, tradotto da Maggioli nel 2014; poi il saggio di Jeremy Rifkin, *La terza rivoluzione industriale*, del 2011, tradotto da Mondadori nello stesso anno; infine il libro di Joseph E. Stiglitz, *La grande frattura*, del 2015, tradotto da Einaudi l'anno successivo).

Vi sono molte ragioni di questa crisi, sulle quali si preferisce sempre sorvolare, per la paura intellettuale di affrontare nodi troppo complessi rispetto alle proprie forze, quando invece il loro approfondimento sarebbe piú che mai essenziale. Ragioni non tutte direttamente riconducibili al peso immane acquisito ormai dalla tecnica, che pure sta spostando dal suo lato – che è storicamente, nelle condizioni date, quello del capitale e dei signori dei mercati, la cui rete avvolge il mondo – quote enormi di potere, prima mai nemmeno concepibili.

Perché la verità è che c'è qualcosa di irrimediabilmente stanco e logoro nelle nostre democrazie. Se non abbiamo il coraggio di dircelo con chiarezza noi per primi, e di correre ai ripari con i rimedi opportuni, ce lo faranno capire presto coloro che la democrazia vogliono colpirla, e liberarsene: e non sono pochi. È usurata per molti aspetti la forma stessa della rappresentanza e della delega, nate in un mondo che non ci appartiene piú, quando si viaggiava ancora con le diligenze, nemmeno esistevano il telegrafo e le ferrovie, e le informazioni circolavano con una lentezza per noi inimmaginabile, con i giornali quotidiani che stavano appena facendo le loro prime incerte apparizioni.

È drammaticamente inadeguata la forma solo «nazionale» della democrazia (e della politica) – l'unica che abbiamo imparato ad amare attraverso libri come quelli che ho appena ricordato – che ha ormai di fronte poteri che si muovono in una dimensione completamente globalizzata, e che perciò non riesce piú a controllare, finendo con l'apparire balbettante e impotente. Mentre dovremmo essere capaci di proiettarla oltre la cornice degli Stati, in una dimensione pubblica mondiale, per fronteggiare l'immane dimensione proprietaria della nuova economia tecnocapitalistica, che sta privatizzando il pianeta, e per dare risposte ai grandi problemi del nostro tempo – a cominciare da quello dell'ambiente in cui viviamo – che richiedono, come è sempre piú evidente, approcci fondati sulla possibilità di una governance democratica globale.

E si sta rivelando infine sempre piú riduttiva e insufficiente l'idea solo formale della democrazia (vi abbiamo già accennato), che è ormai l'unica cui si pensa comunemente quando ci si riferisce a quel modello, come se la democrazia fosse solo un combinato di regole procedurali: la segretezza del voto elettorale, la delega, il pluralismo dei partiti e la libertà di parola e di associazione, e tutto finisse qui. Mentre la democrazia presuppone certo queste cose, e non può esistere senza di esse. Ma è anche molto altro, egualmente indispensabile per il suo funzionamento: perché essa, per esistere, deve costituirsi come un fatto sociale totale; e deve essere nello stesso tempo una diffusa condizione mentale: lo stato democratico dell'anima, come bene aveva capito sin dall'inizio Tocqueville in un suo gran libro – *La democrazia in America* (I, 1835 e II, 1840) – che oggi dovremmo leggere insieme a Marx, e non in alternativa a lui, come una volta credevamo.

E deve fondarsi soprattutto, la democrazia, per avere solide basi, su una certa definita pratica dell'eguaglianza e del reciproco riconoscimento di tutti i cittadini come eguali, che non può ridursi, nemmeno essa, a una procedura soltanto formale, a una parità astratta nel cielo delle regole giuridiche e politiche, ma deve tendere (anche senza raggiungerlo mai completamente) a qualcosa di piú effettivo e sostanziale. A una simmetria di opportunità, a una uniformità di accesso a beni universalmente ritenuti comuni – l'informazione, la salute, l'educazione, le tecnologie – a un controllo della dismisura privata nell'appropriazione della ricchezza, senza i quali lo stesso esercizio dei diritti politici finisce con l'apparire come un vuoto inganno, e un meccanismo privo di significato. Sta già accadendo: la democrazia sta perdendo il suo popolo. Ma siamo ancora in tempo.

Marco Revelli

L'educazione sentimentale tra Koestler e Calvino

Marco Revelli (Cuneo, 1947). Già professore ordinario di Scienza della politica. Si è occupato delle culture e delle forme politiche del Novecento e dell'«oltre-Novecento», con particolare attenzione al loro rapporto con i paradigmi socioproduttivi dominanti. Tra i suoi temi prevalenti la coppia antitetica destra-sinistra, i movimenti di rivolta degli anni Sessanta e Settanta, la «nuova destra», il populismo di seconda generazione, il processo di «disumanizzazione» in corso, le povertà vecchie e nuove. Tra le sue pubblicazioni: *Oltre il Novecento. La politica, le ideologie e le insidie del lavoro*, Einaudi, Torino 2001; *La politica perduta*, Einaudi, Torino 2003; *Sinistra Destra. L'identità smarrita*, Laterza, Roma-Bari, 2003; *Poveri, noi*, Einaudi, Torino 2010; *Populismo 2.0*, Einaudi, Torino 2010; *Umano, disumano, postumano. Le sfide del presente*, Einaudi, Torino 2020.

Quando giunsi all'età di quattordici anni mio padre decise che era ora di passare alle letture serie. Basta tigrotti di Mompracem e corsari d'ogni colore. Basta romanzi di formazione per l'infanzia come *Cuore*, o come il *Piccolo Alpino* di Salvator Gotta, che mi era arrivato per li ramo materno, un nonno colonnello, uno zio generale, e che a mio padre faceva storcere il naso per il carattere «militarista» del racconto, ma che tuttavia avevo letto e riletto piú di una volta. Basta persino col *Libro della giungla*, che pure, avrei scoperto piú tardi, era stato importante nella formazione del giovane Gramsci.

Mi fece trovare come per caso, sul comodino da notte (in casa nostra non c'era televisione, e leggevo quasi sempre a letto, in prima serata e, quando ero malato, con gran piacere, tutto il giorno) due libri. Uno era *Buio a mezzogiorno*, di Arthur Koestler. Lo ricordo ancora, con la copertina contornata da bande verde-erba tipica della collana Medusa di Mondadori per gli autori stranieri, prima ristampa italiana della prima edizione, del '47, un po' sgualcita perché era già passata, immagino fin da subito, da poco sceso dalla montagna, dalla lettura di mio padre (forse un dono di Livio Bianco, o un suggerimento di Giorgio Agosti) e poi rimasta lí, a futura memoria. L'altro era *Memorie di un barbiere*, di Giovanni Germanetto, un'edizione rarissima, della clandestinità, pubblicata a Parigi nel '31 in italiano (ma ebbe traduzioni in sedici lingue) dalle Edizioni di cultura sociale, con una copertina esotica – archeologica mi sembrava – di cartoncino leggero color écru, *Memorie* in carattere bastone tinta bordeaux, *di un barbiere* in corsivo con svolazzi, e sotto *Prefazione di Togliatti (Ercoli)* – proprio cosí, senza nemmeno Palmiro, come fosse uno di famiglia, e lo pseudonimo della clandestinità in evidenza, piú noto del vero cognome. Non so come fosse arrivato in casa, credo per sentieri partigiani, forse un dono del garibaldino Comollo al gielle Nuto... ma non posso giurarci. O, forse, addirittura acquisito proprio a Parigi dove mio padre era stato ricoverato, da partigiano, per curare le gravi ferite rimediate quando con la Brigata Rosselli era sconfinato in Francia.

1. *Il diavolo e l'acqua santa.*

Certo, apparentemente, un bell'ossimoro librario, il diavolo e l'acqua santa mescolati insieme senza che sia facile decidere quale sia l'uno e quale l'altra. Ma in realtà, quella coppia – un feroce *j'accuse* antistaliniano da parte di un autore che nella rivoluzione aveva creduto ed era poi diventato una bandiera del «mondo libero» e l'autobiografia di un esule antifascista per amore dell'eguaglianza e della libertà finito a Mosca come fedele militante del Comintern – rappresentava abbastanza bene i sentimenti prevalenti nel microcosmo dell'antifascismo «azionista» – nel senso del Partito d'azione –, cui mio padre apparteneva, nei confronti della questione centrale in quel tempo, il rapporto con i comunisti, ben rappresentato dalle sintesi proposte da Norberto Bobbio «Né con loro, né senza di loro», o «contro di loro» come pretendevano i postfascisti e i neo-democristiani schierati nella Guerra fredda sul fronte del «meglio morti che rossi». Io divoravo la vicenda di Rubashov – esemplare fin dall'apoftegma, una frase di Saint-Just, «Nessuno può governare senza colpe» –, identificandomi nell'eroe della vecchia guardia bolscevica caduto in disgrazia e condannato a subire le stesse vessazioni che lui stesso aveva inflitto in nome della stessa causa, e mi costruivo gli anticorpi contro ogni mito di onnipotenza di partito, il machiavellico motto secondo cui il fine giustifica i mezzi, o la riduzione dei fatti umani a questioni di aritmetica. E nel contempo mi edificavo sull'esempio di quel barbiere di provincia, che nella cittadina di Mondoví, a pochi chilometri da Cuneo, emblema di potere clericale e beghineria popolare, aveva maturato la propria ribellione esistenziale e morale, sposato la Rivoluzione, percorso come Gramsci i sentieri labirintici della rete internazionale comunista per finire nel gelo della Russia *entre deux guerres*.

Sinceramente quanto a lungo la carica immunologica di quella prima vaccinazione sia durata non saprei dirlo, ma un'accoppiata simile, ossimoricamente combinata, mi sentirei di raccomandarla ancor oggi, quando quei fuochi appaiono ormai spenti, a chi volesse immaginare una sorta di domestica paideia, quantomeno come propedeutica a una pedagogia della complessità, per tempi in cui la storia dell'umanità viene ridotta a colpi di giustizia sommaria.

2. *Partigiani imperfetti.*

Quanto alla letteratura sulla Resistenza, invece, be', quelli non li consideravo tanto libri. Piuttosto oggetti della vita quotidiana. Li trovavo lí, per casa, come se ci fossero stati da sempre. Qualcuno era nato lo stesso anno mio, penso a *Se questo è un uomo* di Primo Levi, che nell'edizione De Silva era stato pubblicato nel '47 ma che io ho letto solo nel '61, in quarta ginnasio, dopo lo scossone del luglio '60, e le famose «Lezioni» all'Alfieri, a Torino, che per quelli della mia generazione avevano avuto un po' il senso di un'iniziazione pubblica. Ma penso anche al *Sentiero dei nidi di ragno*, quello pure mio coetaneo, uscito da Einaudi nel '47 (esattamente l'anno della mia nascita), sebbene in verità di Calvino io abbia letto prima *Ultimo viene il corvo*. Nel capolavoro di Levi c'era quella frase, alla fine del capitolo sul Ka-Be, in cui si parlava della «mala novella di quanto, ad Auschwitz, è bastato animo all'uomo di fare dell'uomo», che mi era rimasta piantata dentro, nel suo significato universale che qualificava quella lettura come una sorta di viaggio nel cuore di tenebra dell'umanità intera, a offrirmi la pietra angolare su cui fondare, per antitesi, un intero universo morale (un'operazione che continuerei caldamente a raccomandare). Di Calvino, invece, in particolare di quel primo aurorale racconto breve, mi catturava il modo con cui mi accompagnava dentro al mondo («arcangelico», avrebbe detto Fenoglio) dei partigiani, con uno stile spoglio, senza nessuna traccia di retorica, attraverso gli occhi di un bambino con cui istintivamente mi identificavo – come d'altra parte sarebbe stato per il *Sentiero* –, con i loro vizi e le loro virtú, uomini in carne e ossa («non è detto che fossimo santi, l'eroismo non è sovrumano» avrebbe scritto nella canzone *Oltre il ponte* che ogni 25 aprile, a casa nostra, sentivamo dalla voce incantata di Margot Galante Garrone), ma nobilitati, *tutti*, nonostante *tutto*, dal valore di una scelta giusta. Alla lettura di Natalia Ginzburg, a differenza di quelli, ci sarei invece arrivato per via materna, contagiato da mia madre che si era innamorata di *Lessico famigliare*, uscito nel '63. Passavamo ore a chiacchierare dei personaggi di quel libro cosí domestico e nello stesso tempo cosí intenso, come se fossero in qualche modo gente di famiglia. E anche quello aveva un po' il senso di un'educazione ai sentimenti che da privati diventavano virtú pubbliche, e che ci aiuterebbero, davvero tanto!, oggi, quando si parla (e in molti casi straparla, nelle stanze del potere) di «educazione sentimentale», senza spesso neppur sapere da dove incominciare (vero Valditara?)

3. *L'erotico Balzac.*

Nel frattempo provavo a tracciarmi un percorso mio, a tentoni, da assoluto autodidatta, tra letture scelte piú per sensazioni che per una vera e propria programmazione e altre capitatemi per le mani con una certa casualità in dono da parenti e amici di famiglia (come a dire «lasciando scegliere al destino»). Alla prima categoria appartenevano le diverse «stagioni»: la stagione degli americani, Melville tra i primi (*Moby Dick* lasciò il segno, dopo aver scalzato *Tom Sawyer* considerato troppo «infantile»), quella dei francesi (su Stendhal confesso di essermi arenato un bel po'), i tedeschi (Thomas Mann è stato un amore a lungo coltivato – ancora in questi giorni mi sono riletto *La montagna magica*, che allora si diceva «incantata», trovandovi ancora un'attualità assoluta dei temi se non degli stili riflessivi). E poi soprattutto Dostoevskij: ricordo che *Delitto e castigo* mi prese talmente che – lo lessi tutto d'un fiato in un giorno e una notte durante una influenza autunnale – mi fece salire di colpo la febbre con spavento di tutta la famiglia.

Appartiene invece alla seconda categoria la scoperta della fantascienza, quando mi fu regalato lo splendido volume einaudiano *Le meraviglie del possibile*, curato da Sergio Solmi nel '59, con i migliori autori, da Bradbury a Philip Dick, da Sheckley ad Asimov. Li ho letti, quei ventinove racconti, non so quante volte, lasciando che mi plasmassero la fantasia e depositassero una certa diffidenza da *imprinting* nei confronti del «progresso» tecnico: ricordo ancora la dolcezza amara di *Fiori per Algernon* (la parabola del ragazzo con deficit cognitivo sottoposto a un programma di potenziamento artificiale dell'intelligenza, diventato un genio e poi ricaduto indietro), i bambini assassini nella futuristica casa automatica di *Il Veldt*, il finale apocalittico di *I nove miliardi di nomi di Dio* con la superstizione dei monaci che batte l'*hybris* razionalista degli scienziati, i paradossi della temporalità di *Passò intorno ai cavalli*... Tutti insieme un efficace vaccino contro le trappole dell'eccessivo ottimismo tecnologico che allora imperversava tra cosmonauti in orbita e promesse di conquista della luna, e che oggi, senza piú autoriflessione, ipoteca però ancora il nostro futuro.

Un siparietto a parte, dentro quel mio percorso da autodidatta, merita quello che fra me e me ho battezzato il «caso Balzac», che ogni volta mi torna in mente con un sornione divertimento. Credo facessi allora la terza media, e un'amica di mia madre mi regalò, per Natale, un librone di Balzac, considerandolo a ragione un classico. Si trattava però degli *Allegri racconti*, che Mursia aveva appena tradotto, titolo originale *Les contes drolatiques*, opera sperimentale del grande romanziere francese, costruita con stile arcaico sul modello del *Decameron* e, come quello, zeppo di storielle salaci, alcune decisamente erotiche, sicuramente «sconvenienti» nel processo di formazione di un giovin cuneese alle soglie dell'adolescenza, che io, dopo un momento di indecisione per le dimensioni del volume, appena annusato il contenuto, divorai voracemente, facendone precocemente lo strumento della mia educazione sessual-sentimentale. Guardavo con un senso di segreta superiorità i miei coetanei che evocavano maliziosamente *L'amante di Lady Chatterley* senza averne mai nemmeno visto la copertina...

4. *Calogero e il dovere di comprendere l'altro.*

Alla saggistica, invece, ci sono arrivato un po' dopo, al passaggio dal ginnasio al liceo. Cercammo a lungo, con i due amici piú cari, un testo d'iniziazione alla filosofia che non appartenesse al tradizionale programma ministeriale. Qualcosa da meditare tra noi, senza calcoli utilitaristici in termini di media scolastica, e nello stesso tempo qualcuno che non appartenesse al pantheon degli accreditati d'ufficio, non Croce, né tantomeno Gentile, che allora andavano ancora per la maggiore nell'attardato mondo accademico italiano. Ma nemmeno, per dire, Kant o Hegel, troppo implicati con i programmi scolastici. E neanche Marx, montagna troppo grande da scalare (ci saremmo arrivati, eccome!, piú tardi, tutti insieme). Alla fine ci decidemmo per Guido Calogero, e la sua *Filosofia del dialogo*, che era uscito da poco, nel 1962, dalle Edizioni di Comunità in versione ampliata rispetto al precedente *Logo e dialogo. Saggio sullo spirito critico e sulla libertà di coscienza* del '50, con una sezione interamente nuova intitolata *Dialogo, laicismo, coesistenza*, che a noi interessava in modo particolare perché ci serviva a misurare la distanza rispetto alla società bigotta e chiusa della nostra città e a orientarci tra le passioni tristi della Guerra fredda.

Ci siamo stati un sacco di tempo, su quelle pagine, capendone devo ammetterlo meno della metà, ma mettendo alla prova la possibilità di dare un'armatura concettuale al nostro desiderio di «non essere come tutti». Io, poi, mi ero anche trovato un dispositivo tutto mio, personale, nel testo di Bertrand Russell *Perché non sono cristiano*: me lo portavo dietro in tasca come una sorta di talismano, contro la tentazione del conformismo confessionale. Ma se devo ripensare alla mia formazione, quel testo sul dialogo ha in realtà svolto un ruolo piú importante di quanto non sia stato disposto ad ammettere per lungo tempo. E comunque, di quel libro densissimo e difficilissimo (su un tema, non bisogna dimenticarlo, allora contestato nel clima da muro contro muro e dunque politicamente discriminante), quello che avevamo capito era che era possibile una fondazione laica della morale, incentrata sull'alternativa tra altruismo ed egoismo, e che una volta operata la scelta per il primo, il dovere di comprendere l'altro si affermava nella sua assolutezza come una forma di imperativo categorico. E poi Calogero era uno dei padri del liberal-socialismo, un fondatore del Partito d'azione (che per me, lo faceva sembrare un po' uno «di famiglia»), amico di giovinezza di Norberto Bobbio, che incominciava a profilarsi come un nostro futuro mentore (lo invitammo, allora, come Consiglio d'istituto, al nostro liceo per una lezione su Benedetto Croce). So benissimo che oggi, per un giovane delle superiori, Guido Calogero è un perfetto sconosciuto, come temo anche per la maggior parte dei lettori, anche tra i piú acculturati. E che la lettura di quel testo risulterebbe insuperabilmente ostica anche per i frequentatori dei migliori licei classici, e comunque tanto astratta da apparire marziana dal momento che da tempo alle superiori, e anche all'università, si è smesso di costruire intrecci tra la fantasmagoria della vita e la fenomenologia dello spirito. E tuttavia continuo a pensare, testardamente, che la lettura e l'interpretazione di un paio di capitoli di quel libro antico sarebbe un esercizio salvifico, a cui dedicare magari un intero trimestre, per chi si misura, con angoscia, con i dilemmi mortali e inumani di conflitti come quello in Ucraina o in Palestina, cosí, giusto per non presentarsi impotenti di fronte alle tempeste di odio e ai muri impenetrabili delle rispettive retoriche destinate alla rovina di tutti.

5. *La rivoluzione liberale.*

Col passaggio all'università, nell'autunno del '66, un nuovo «salto di qualità» nel mio rapporto (morboso?) con i libri. Ancora una volta per una mossa (anzi una «doppia mossa») di mio padre. In occasione del mio trasferimento a Torino (che per un cuneese di allora era un po' come cambiare continente) aveva avuto la buona idea di darmi accesso al suo «conto autori» della casa editrice Einaudi con la possibilità di acquisto illimitato (illimitato!) presso il punto di distribuzione collocato allora nel seminterrato della redazione. Avrei potuto «prendere» senza pagare, e senza neanche l'impaccio della prenotazione in libreria, tutti i libri che volevo del grande catalogo einaudiano, godendo per di piú dello sconto del 30 per cento solitamente riservato ai librai.

Esplose allora, complice forse anche un inconfessabile piacere per il privilegio, la mia bibliomania. Praticamente ogni settimana mi presentavo in via Biancamano, scendevo le due brevi rampe di scale che portavano al regno incantato di Gerlin, lo storico custode del tesoretto stipato in quel caveau, e procedevo al saccheggio, a tutto campo, armato ogni volta di una lista di titoli (qualcuno anche «ordinatomi» da qualche amico ingolosito dallo sconto). Mi stavo trasformando, senza accorgermene, da lettore in collezionista. Rastrellai sistematicamente la collana dei Saggi, con il loro celebre frontespizio di allora bianco contornato da larghe bande rosse (che per i testi di storia diventavano verdi), spigolai tra i classici della Nue, con le eleganti copertine color panna e le due righette rosse, scoprii i massicci volumi grigi dei testi piú impegnativi, il variegato repertorio degli Struzzi, persino gli ultimi nati della serie viola... Si è formato allora lo scheletro di quella che, nei decenni successivi, sarebbe diventata la mia biblioteca, in fondo l'embrione in cui c'era già tutto l'essenziale (anche perché, sempre mio padre, per rispondere alla richiesta di aiuto da parte di un giovane cuneese che si pagava gli studi piazzando libri a rate di un pool di case editrici tra cui Feltrinelli, mi aveva permesso di attingere anche a quei cataloghi, e io mi ero sbizzarrito soprattutto con testi di antropologia, psicanalisi, scienze sociali, anche un po' di economia, e naturalmente attualità politica: erano gli anni della guerra del Vietnam).

Credo anche di poter indicare con una certa precisione il titolo del primo libro scavato fuori dal seminterrato di via Biancamano: gli *Scritti politici* di Piero Gobetti, un tomo gigantesco, curato da Paolo Spriano nel 1960, 1119 pagine in cui si poteva però navigare saltando di fiore in fiore, scegliendo gli articoli piú affascinanti (la maggior parte brevi, tre o quattro pagine). Ed era stato amore a prima vista per quel «prodigioso giovinetto», cosí lo definí Bobbio, che li aveva scritti tutti quand'era appena ventenne – tra i 18 e i 25 anni –, la stessa età che avevo io quando li lessi, praticamente un coetaneo, con lo stile di un profeta e lo spirito di un maestro (lo «scolaro maestro» lo definirà Augusto Monti).

Mi folgorò la scrittura, discorsiva e all'improvviso potentissima, con acuti didascalici e vibrazioni di passione in uno che predicava l'«aridezza», il suo culto tutto giovanile per l'intransigenza, la concezione laicamente religiosa del ruolo dell'intellettuale («sacerdote di un nuovo '89»). La sua orgogliosa risposta al Prezzolini che alla vigilia della marcia su Roma predicava la *Società degli apoti* ovvero di quelli che «non la bevono» – «Di fronte a un fascismo che con l'abolizione della libertà di voto e di stampa volesse soffocare i germi della nostra azione formeremo bene, non la Congregazione degli Apoti, ma la compagnia della morte» –, e poi, soprattutto, il trittico *La tirannide*, *Questioni di tattica* e l'insuperabile *Elogio della ghigliottina*, del novembre '22, divennero per me una bussola mentale indispensabile. Ma poi, se devo essere sincero fino in fondo, dietro quella scintilla che accese la mia passione per Gobetti, c'erano gli operai. Quegli operai, Fiat, che egli aveva visto in azione nell'autunno del '20, e di cui allora, a quasi mezzo secolo di distanza, noi avvertivamo la presenza ribelle, sotto la superficie di una Torino in cui stava per esplodere l'autunno caldo. C'era quella lettera scritta alla fidanzata Ada Prospero nel settembre: «Io seguo con simpatia gli sforzi degli operai che realmente costruiscono un mondo nuovo. [...] Mi par di vedere che a poco a poco si chiarisca e si imposti la piú grande battaglia ideale del secolo. Allora il mio posto sarebbe necessariamente dalla parte che ha piú religiosità e volontà di sacrificio». Ed era quasi irresistibile, per me, il fascino di quel giovane, figlio della piccola borghesia commerciale, uscito da uno dei migliori licei torinesi, che sceglieva «gli operai», *quegli* operai, e chiamava «liberale» la sua rivoluzione, con loro come protagonisti, in consonanza con i suoi coetanei dell'Ordine nuovo. Ecco, potrei dire che quel fascino resterebbe altrettanto irresistibile per un giovane nella Torino di oggi? Nella città dove la decomposizione della Fiat ha lasciato, in periferie fangose, un corpo sociale informe, e gli antichi «eredi della filosofia classica tedesca» votano Salvini e Meloni? Non lo so. Ma sono sicuro che quelle pagine, quella testimonianza di come si sta degnamente nel mondo anche quando questo tradisce, continuino in qualche modo a parlare a qualsiasi ventenne di oggi, e a saziare la naturale sete di sapere «chi si sia» che segna ogni passaggio dall'adolescenza alla maturità. Cosí come quella folgorante analisi del fascismo, allora al suo stato ancora embrionale, denunciato come tragica «autobiografia della nazione» – una nazione che ammalata di dannunzianesimo non imparò mai l'etica della moderna politica – può essere fecondamente utilizzata per capire la dimensione e la radice della caduta attuale, purtroppo ben visibile anche per chi non l'osserva con le lenti forgiate dall'Ordine nuovo e dai Consigli di fabbrica.

6. *Bobbio e l'elogio del dubbio.*

L'altro libro che stava in cima alla lista degli acquisti era il celebre *Politica e cultura* di Norberto Bobbio. Un testo in qualche misura «vecchio», era uscito nel 1955; la polemica con Togliatti (che ne aveva costituito il punto piú incandescente d'interesse politico) era stata ampiamente vinta dal filosofo torinese, Togliatti stesso era morto un paio d'anni prima. Ma Bobbio era entrato, proprio allora, prepotentemente, nel mio percorso culturale (e umano). Frequentavamo – i miei due amici del liceo e io – tre mattine a settimana il suo corso di Filosofia del diritto, dedicato quell'anno a «Giusnaturalismo e positivismo giuridico». Avevamo seguito come fosse una cerimonia liturgica la sua «lettura», nell'aula magna del Politecnico, del saggio in via di pubblicazione su «Nuovi Argomenti» dal titolo *Il problema della guerra e le vie della pace*. Lo ricordo ancora come fosse adesso, noi assiepati nella grande aula in penombra, ad anfiteatro, e laggiú in fondo, seduto a una cattedra, che ci sembrava piccolissima, illuminata solo da una lampada da tavolo puntata sui fogli, lui che ci presentava le tre immagini della condizione umana tratte da Wittgenstein – il pesce nella rete, la mosca nella bottiglia, l'errabondo nel labirinto – e spiegava, con stringente logica del discorso, che la guerra era una «via bloccata» nell'epoca – la nostra – delle armi termonucleari e della possibile catastrofe atomica.

L'«etica del labirinto» – delle tre metafore quella da lui preferita perché delle altre due l'una portava dritto a un nichilismo senza alternativa (il pesce esce dalla rete solo per finire in padella) e l'altra a un fideismo messianico privo di responsabilità umana (dalla bottiglia la mosca può uscire solo per un azzardo riuscito o la mano d'un dio che la guidi, ammesso che non ci sia un tappo) – l'etica del labirinto, dicevo, che quantomeno lasciava un margine di possibilità all'uso della ragione, ci affidava alcuni precetti semplici nel viluppo apparentemente inestricabile dei nostri «dilemmi mortali»: che «non ci si butti mai a capofitto nell'azione, che non si subisca passivamente la situazione, che si coordinino le azioni, che si facciano scelte ragionate, che ci si propongano, a titolo d'ipotesi, mete intermedie, salvo a correggere l'itinerario durante il percorso, ad adattare i mezzi al fine, a riconoscere le vie sbagliate e ad abbandonarle una volta riconosciute». Ed erano, in fondo, il nucleo normativo di quell'altro testo, di piú di dieci anni prima, che noi, in procinto di buttarci a capofitto nell'azione (il '68 era già nell'aria), ora usavamo – inconsapevolmente – come una sorta di vaccino a bilanciare gli eccessi dell'attivismo.

Tre cose almeno ho imparato da *Politica e cultura*, e

non le ho piú dimenticate. La prima è che la logica della Politica (che lavora sull'asse conflittuale amico-nemico) non può assorbire senza residui né subordinare gerarchicamente la cultura la cui vocazione è al contrario la comprensione (di sé e soprattutto dell'altro) e la mediazione, pena il trasformare gli uomini di cultura in «chierici traditori». La seconda è che non esiste fine, per sublime ch'esso sia, che possa giustificare l'uso di mezzi tali da comportare la violazione dei fondamentali diritti umani, né valori tanto assoluti da non potersi coniugare con gli altri (si pensi al rapporto tra Libertà ed Eguaglianza). La terza è che la pratica del dubbio sistematico non è affatto un vizio, che condannerebbe al relativismo e all'impotenza, ma una virtú che salva dal rischio del dogmatismo dei fanatici («Il compito degli uomini di cultura è piú che mai oggi quello di seminare dei dubbi, non già di raccogliere certezze»). Tre precetti che considero capaci di sopravvivere a qualsiasi cesura temporale, a qualunque cambio di paradigma sociale o politico. Insomma, tali da integrare le caratteristiche di ciò che Bobbio stesso definiva come un «classico»: la capacità di offrire una sintesi del proprio tempo e insieme di sopravviverv, continuando a parlare agli abitanti di qualunque «tempo» (anche un tempo caduto come il nostro).

7. *Rosa Luxemburg, lettere di lotta e disperato amore.*

Può apparire bizzarro, ma devo confessarlo, ho letto quel libro quasi in contemporanea con un altro testo, uscito nella stessa collana, con la medesima copertina bianca a bande rosse dei Saggi, appena uscito (finito di stampare nell'estate del '66), ed esattamente agli antipodi rispetto a Bobbio, per stile di scrittura, spirito, impianto concettuale e carattere dell'autore: intendo *Operai e capitale* di Mario Tronti, manifesto eterodosso dell'operaismo italiano. Ricordo che lo leggevo durante i pranzi solitari al tavolo di un piccolo ristorante di via San Francesco dove per 500 lire mi davano un primo, un secondo, frutta e acqua minerale concordate in abbonamento settimanale, lasciandomi possedere dal linguaggio assertivo e profetico, dall'implacabile «spirito di scissione» che assumeva la centralità operaia come affermazione della parzialità assoluta, e l'antagonismo non mediabile come strumento di conoscenza (il celebre «conosce veramente chi veramente odia» e nessuno odia di piú di quella «razza pagana», la «classe operaia», che detesta persino sé stessa in quanto «parte del capitale»). Non saprei bene dire come riuscissi a conciliare il liberalsocialismo bobbiano e il neomarxismo trontiano d'origine dellavolpiana venato d'influenze nicciane: ancora una volta un ossimoro, di nuovo diavolo e acqua santa, che solo la convulsa contingenza del momento, operai in rivolta, minacce fasciste incombenti, Pci orfano della paternità togliattiana e la voglia di infierire sui suoi epigoni, potevano permettere di convivere nel mio percorso. E appunto, quello è un testo che non consiglierei a una qualche generazione futura, se non come strumento per capire lo spirito di un tempo finito. Ma posso affermare che, quantomeno, quelle letture mi hanno salvato dalle trappole dell'ortodossia marxista gravida di storicismo, determinismo, economicismo... Ho letto (complice Raniero Panzieri) prima il *Capitolo VI inedito* del *Capitale* (pubblicato da La Nuova Italia nel '69) dell'intera *opus maxima* di Marx, e con piú gusto i *Grundrisse* (tradotti nel '71 ancora per La Nuova Italia, in due volumi con una elegante copertina verde bottiglia) o i *Manoscritti economico-filosofici del 1844* (curati da Bobbio nel 1949 per Einaudi e da della Volpe nel 1950 per Rinascita, ma che io lessi nella riedizione bobbiana nella Nue nel '68) che non *L'ideologia tedesca* o comunque i testi fondativi del materialismo storico divulgati allora da Editori Riuniti. E il resto l'ha fatto Rosa Luxemburg, i cui *Scritti politici* (curati da Lelio Basso) sono stati a lungo per me una sorta di manuale di vita e di pensiero, insieme alle straordinarie lettere a Leo Jogiches (pubblicate da Feltrinelli nel '75) da cui si imparava che anche i rivoluzionari conoscono la dolcezza...

Poi, conclusa la parentesi della «militanza», caduti tutti gli aquiloni, sarei tornato alla narrativa, lungo la pista adelphiana, apripista Joseph Roth, la sua *finis Austriae*, i disorientamenti e le malinconie del giovane tenente Franz Tunda (che al termine del suo viaggio a ritroso, dalla Russia in rivoluzione al cuore della sua amata e disfatta Europa, «viveva dell'odore di marcio e si nutriva di muffa, respirava la polvere delle case cadenti e ascoltava rapito il canto dei tarli»), a fare da sponda letteraria alla mia *Fuga senza fine*. Ma questa è un'altra storia.

8. *Il Dio fragile di Hans Jonas.*

Una storia in cui – spiace dirlo, ma è cosí – non ho piú trovato maestri veri. Frammenti, piuttosto. Preziosi, alcuni. Importanti spesso. Ma nessuno capace di stare da sé, piuttosto tessere da ricombinare tra loro, alla ricerca di un mosaico che non riesce a completarsi in un tutto. Per ogni questione – e ormai le «questioni mortali» sono tante, quasi tutte – un piccolo pantheon di autori, ognuno capace di aiutare, nessuno di risolvere davvero. Pensiamo alla questione ecologica – la «questione delle questioni» perché ci indica un limite che se superato cancellerebbe ogni futuro e che spiega perché i giovani vivano oggi attanagliati da un'angoscia (la cosiddetta eco-ansia, ma il termine è minimalista) che li spinge o a una sacrosanta rabbia o a una ripiegata rinuncia. Ebbene, tra i pur flebili lumi che possono rischiarare qualche metro di percorso – un testo che raccomanderei piú per capire che per agire – (e per capirci piú che accapigliarci) penso a un libro sicuramente rivelatore, come quello dedicato da Ulrich Beck alla *Risikogesellschaft* (*La società del rischio* come recita il titolo del volume), arrivato, verso la fine del secolo scorso, a mostrarci il brusco ribaltamento di paradigma consumatosi quando la precedente «modernità industriale» che aveva dato il segno a un paio di secoli si è rovesciata nella forma nuova di «modernità riflessiva», in cui quelle che erano state le promesse e le risorse di prima si sono trasformate in pericoli e minacce (rischi, appunto) di oggi. Aiuta perfettamente a comprendere l'infatuazione, oggi in verità incomprensibile, delle vecchie generazioni per il mito prometeico del progresso, e nel contempo la fondatezza del *Kultur-pessimismus* dei giovani piú informati e consapevoli. Penso anche al lavoro di un teologo-filosofo modernissimo come Hans Jonas, con la sua scoperta, liberatoria e disperante, di un dio fragile, ferito dal male compiuto dagli uomini (il suo *Il concetto di Dio dopo Auschwitz* dovrebbe essere reso obbligatorio nelle scuole, insieme all'*Uomo è antiquato* di Günther Anders); e soprattutto con il suo *Das Prinzip Verantwortung*, il «principio responsabilità», uno dei pochi testi capaci di lasciar intravvedere un filo di speranza per un'umanità smarrita sulla via di un futuro negato sostituendo al mito dell'efficienza il dovere della precauzione. E vorrei anche aggiungere il gigantesco lavoro di uno come Serge Latouche, odiato dai grandi devastatori del mondo e dalla pletora di piccoli incantati dai loro flauti magici, che ha passato una vita – da antropologo qual era, dell'alterità e della prossimità – a descrivere le condizioni di questo *Pianeta dei naufraghi*, e a immaginare una svolta di pensiero che al culto dello sviluppo illimitato (e insostenibile) sostituisse l'idea di una equilibrata sopravvivenza.

Sull'altra questione, che facciamo finta di non vedere ma che avvertiamo ogni giorno con maggior preoccupazione, ovvero la «crisi della democrazia» – lo stato di una democrazia in apnea nell'intero pianeta e qui da noi in asfissia –, purtroppo soluzioni sia pur frammentarie non s'intravvedono tanto la necrosi prodotta dalla conversione delle precedenti culture popolari in populismo appare incontrastabile. In compenso, per il nostro infelice Paese, un testimone, che personalmente ho elevato a maestro, c'è. Un maestro particolare, che s'infurierebbe a sentirselo dire, che non sale in cattedra ma insegna raccontando, guardando, annotando e giudicando. Si chiama Corrado Stajano, ha lo sguardo millimetrico del giornalista di vaglia e la vena poetica del grande scrittore. Ha attraversato i decenni centrali del Novecento e varcato la soglia del nuovo secolo da osservatore partecipante, annodando i fili recisi, sfidando le nostre amnesie. In un libro disincantato e appassionato insieme – un libro che credo dovrebbe entrare nelle case di tutti gli italiani per restarvi come *livre de chevet* perché ognuno ne legga un capitolo almeno una volta alla settimana – intitolato icasticamente *Sconfitti*, ci accompagna nella nostra vicenda nazionale, ripasso severo dei nostri (tanti) momenti bassi e dei nostri (pochi) momenti alti, di ciò che siamo stati, di quanto abbiamo perduto, riconquistato e riperduto.

Insegna, a chi oggi non lo sa o l'ha disimparato, che abbiamo conosciuto caduta e vergogna, col fascismo, rinascita e dignità con la Resistenza, sfide mortali come lo stragismo nero e il terrorismo rosso vinte e subito riperdute nella palude berlusconiana, fino al buco nero meloniano. Leggerlo, oggi, vuol dire smettere di rinunciare e ritornare a giudicare non col metro della cronaca televisiva ma con quello della Storia. Non è poco.

Franco Cardini

Alla ricerca della ragione nascosta
con Lévi-Strauss e papa Francesco

Franco Cardini, fiorentino, nato nel 1940, è professore emerito di Storia medievale presso l'Istituto di Scienze umane e sociali, affiliato alla Scuola Normale Superiore. Ha insegnato in varie università italiane, europee ed extraeuropee; attualmente è membro dei Consigli scientifici dell'Istituto storico italiano per il Medioevo, della Scuola superiore di Scienze storiche dell'Università di San Marino e di vari sodalizi scientifici internazionali. Studioso della dinamica dei rapporti fra mondo cristiano e mondo musulmano, ha proposto una sintesi della problematica odierna nel libro *La deriva dell'Occidente*, Laterza, Bari-Roma 2023.

C'erano pochi libri nella vecchia casa tra i popolari quartieri – detti «rioni» – di San Frediano e di Porta Romana sulla riva sinistra dell'Arno («l'Oltrarno», come si diceva allora e si continua oggi a dire), nella quale ero nato e dove vivemmo in affitto sino a metà degli anni Cinquanta noialtri che non ne abbiamo mai avuto una di proprietà. Tre sole file, allineate nel mobile-scaffale accanto al mio letto che di giorno serviva piú o meno da sofà: perché quella stanza era anche «sala da pranzo» e «salotto buono», le poche volte che serviva. Verso i sedici anni cambiai casa, ma sempre in affitto e sempre in Oltrarno: nella bella via de' Serragli che collega Porta Romana al Ponte alla Carraia. Era un appartamento modesto ma abbastanza grande, ricavato da uno degli antichi palazzi dei Torrigiani, gli ex *domini loci* di gran parte di tutto il Sudovest cittadino entro le mura due-trecentesche. Là ebbi finalmente uno spazio mio, che mi parve favoloso e lo era: una piccola mansarda da cui si accedeva attraverso una stretta scala, corredata da un ripostiglio basso ma comodo e da un ampio terrazzo fra i tetti. Là veniva a trovarmi spesso un gatto candido e ben curato, senza dubbio appartenente a una famiglia vicina. Portava un bel collare di cuoio rosso con appeso un piccolo sonaglio dorato. Accettava cibo e bevande, dormiva sul mio letto e quando lavoravo alla scrivania mi si sdraiava accanto e faceva le fuse: ma non mi permetteva di accarezzarlo. Però quando arrivava sul terrazzo, venendo da chissaddove, batteva piano con la zampa alla porta-finestra e mi chiamava miagolando. Mai saputo come si chiamasse: in cambio amava la musica del mio piccolo grammofono, lussuoso regalo natalizio. Soprattutto Mozart, naturalmente. Io lo chiamavo «Búbbolo» (termine fiorentino per «sonaglietto»), dal monile che ostentava con un qualche orgoglio.

1. *La mia famiglia.*

La mia famiglia era costituita, oltre che da me, dai miei genitori, dai nonni paterni e da due zie nubili: sette in tutto, piú il gatto. Saltuariamente veniva a trovarci mio zio, ex operaio specializzato delle ferrovie, già Ardito del Popolo con Di Vittorio passato però ben presto allo squadrismo fascista, volontario in Africa e a Salò: un genio nella matematica e nel disegno, che io temevo in quanto m'impartiva puntigliose nozioni di algebra e di trigonometria (inutile dire che nelle materie scientifiche ero alquanto scarso).

Il babbo non si era mai adattato alla vita del «sottoposto» in un atelier. Lavorava in proprio come tagliatore di pellicce: «pellicciaio», antico e nobile mestiere corporativo fino dal Medioevo, oggi fatto ormai sparire sommerso dall'ondata del politically correct egemonizzata dagli animalisti e dagli ambientalisti. La mamma e le sorelle del babbo lavoravano assieme a lui in casa, come sarte. Era la vecchia Firenze artigiana, povera ma bella.

A mio padre debbo tutto il bene che mi riconosco. Non era mai andato oltre le elementari perché in casa i soldi mancavano, ma per lo studio e la lettura coltivava un amore innato, sostenuto da un ingegno curioso e vivissimo: lui, non io, sarebbe stato adatto agli studi classici e alla carriera universitaria. Poteva permettersi pochi libri, ma li sceglieva con cura: conservo ancora il suo Dante, il suo Machiavelli, il suo Shakespeare, il suo Cervantes. Ma, trentenne alla fine della guerra, l'ondata delle mille luci di New York lo aveva investito in pieno: andava matto per Gershwin, era abbonato al «Reader's Digest» e nella libreria di casa stavano, allineati, molti volumi della popolare collezione mondadoriana della Medusa: Hemingway, Steinbeck, Faulkner, Tennessee Williams, Dos Passos. Dal canto mio, fra tutti, preferivo *Il vecchio e il mare*; piú tardi sarei passato a *Il Gattopardo* di Tomasi di Lampedusa; ormai mi sono definitivamente attestato, senza tema di cambiar idea, sull'inarrivabile *Il maestro e Margherita* di Bulgakov, il piú bel romanzo di tutti i tempi. Ma torniamo a quegli anni lontani.

Dal babbo non ereditai nonostante i suoi sforzi le passioni per il calcio, la bicicletta e la pesca: egli, piuttosto, mi trasmise il suo amore disordinato ma sconfinato per la storia e la sua passione per l'arte e per la musica. Le domeniche passate con lui visitando chiese e musei sono tra i piú bei ricordi della mia adolescenza. Non amavo la scuola, e ciò lo faceva soffrire: in cambio andavo matto per il teatro e, soprattutto, per la sua prediletta musica classica. Entrambi privilegiavamo Bach, Haydn e soprattutto Beethoven, ma anche Mahler e Bruckner; io lo superavo in entusiasmo per i russi, specie Musorgskij, Rimskij Korsakov, Borodin, e fu attraverso la loro musica oltre che la loro letteratura che scoprii l'Asia centrale eleggendola a mia patria segreta insieme con la Spagna (riascoltatevi tutto Rimskij Korsakov e capirete). Non so dire quante volte ho rivisto, da allora, *Fantasia* di Walt Disney; amavo già il cinema, soprattutto però la mia vita era avvolta nel vinile e andava a 78 giri. Mozart arrivò piú tardi, anche grazie ai palesi gusti del gatto Búbbolo: ma ormai da alquanti decenni sono musicalmente parlando quasi un monoteista.

Fu ancora grazie a mio padre che concepii molto presto la mia convinta passione per l'Europa unita: non ho ancora rinunziato a quella speranza. Quando avevo dodici-quindici anni egli fece uno sforzo economico per lui notevole allo scopo d'iscrivermi a gite scolastiche allora non frequenti: visitai cosí Vienna, Parigi e Madrid, e furono visite che mi segnarono per sempre. Budapest, invece, non l'avevo mai vista, ma avevo letto *Peccatori* di Körmendi: e quando nell'autunno del '56 la vidi andar a fuoco sotto i cingoli dei carri armati sovietici credetti di capire che ormai il mio destino era segnato. La tragedia dell'Ungheria fu il velo che mi cadde dagli occhi, o allora cosí credevo: per correre in aiuto di Budapest, per «morire romanticamente sulle barricate», improvvisai perfino con altri due o tre sconsiderati ragazzini una fuga da casa che si concluse poche ore dopo con un panino al prosciutto offerto dal buon maresciallo dei carabinieri che mi aveva riacciuffato, il corrucciato silenzio di mio padre e una sonora salva di scapaccioni materni.

Ma posso dire che quello strampalato, patetico episodio fu la cartina di tornasole che rivelò a me stesso la mia indole e le mie contraddizioni. Mi parve di cogliere la verità nascosta dietro la mia natura timida e schiva, il mio carattere riservato e tutto sommato dolcemente incline a fantasticare (la mitologia greca, le *Mille e una notte* peraltro in edizione ohimè purgata, le fiabe gotiche dell'Ottocento germanico, il «favoloso Andersen»). La mia prima, precoce università era stato il cinema, specie l'incredibile arena estiva all'aperto delle Scuderie Reali di Porta Romana: ma lí, al cospetto del Made in Usa che mi si squadernava davanti, avevo scoperto di amare sconfinatamente i pellerossa anziché gli yankee (per me invece dei «nostri» arrivavano sempre gli «altri»), e Little Bighorn mi consolava di molte amarezze; di preferire tutto sommato i saraceni ai crociati con buona pace di Cecil B. DeMille; di aver piú simpatia per Annibale che per Scipione (del resto, a scuola tifavo per l'eroico Ettore e detestavo quel macellaio isterico di Achille); di simpatizzare piú per i soldati del Mikado che non per quella Marina degli Stati Uniti ringraziando la quale si chiudevano sempre i film statunitensi di propaganda sulla guerra nel Pacifico.

La tempesta ungherese sconvolse la mia vita fin allora serena: o rivelò pieghe e anfratti di essa che, altrimenti, sarebbero forse emersi in altro modo. Riflettendo anni piú tardi su tutto ciò, mi sono chiesto se non avessi già intuito quel che di lí a pochi anni avrei letto e imparato in Lévi-Strauss: il ripudio dell'etnocentrismo e dell'occidentalismo a senso unico (e ciò con la parallela scoperta dell'orientalismo e magari dell'orientofilia); la sia pur confusa e superficiale intuizione di quella che Sergio Moravia, parlando appunto di Lévi-Strauss, ha definito la «ragione nascosta»; e insomma di aver scoperto in tratti incerti e alla lontana non già il «relativismo» (non quello morale, quanto meno), bensí la «relatività culturale».

2. *Tra rosso e nero.*

Del resto, quanto a indirizzi di vita e di pensiero, i miei erano un autentico caleidoscopio. Appartenevo a una famiglia di «socialisti del cuore» cristiani, assediati però da una marea di parenti tutti comunisti e allora stalinisti, in uno dei quartieri piú rossi della rossa Firenze; ma la nonna – per la quale stravedevo – era una cattolica di ferro; il nonno analfabeta e perennemente aggrondato (ce l'aveva con tutti) era ostinatamente anarchico; e lo zio matematico, ex comunista e impenitente fascista – lui e il nonno erano stati gli unici in famiglia a votare per la repubblica al referendum del '46 –, per tutta la vita rimase fedele a quel socialrepubblicanesimo espresso dai «diciotto punti» del programma del congresso di Verona del '44 che a suo tempo aveva affascinato anche il padre del mio maestro Delio Cantimori, repubblicano «storico» della Romagna ravennate e ammiratore di Amilcare Cipriani (nonché, un po', di Nicola Bombacci).

Tutto ciò, lungi dall'essere un'autoapologia – si potrebbe dire, modificando un vecchio tòpos, che nella mia mente si agitavano «*troppe* idee ma confuse» –, vuol essere un tentativo di spiegare come e perché finii col tagliare maldestramente il nodo di Gordio dal quale mi sentivo stringere. Ero cattolico: la morale cristiana mi convinceva; Gesú e Maria mi affascinavano e non li vivevo affatto come una bella fiaba consolatoria; mi piacevano le cerimonie religiose della mia vecchia parrocchia, l'aroma dell'incenso festivo e le dolci serate in cui si preparava il presepio in canonica dopo la novena di Natale mentre sulla cenere ardente in un cantone cuocevano le caldarroste da gustare con un goccio di vin santo; e poi il nonno anarchico mi andava ripetendo che Gesú era stato il primo socialista della storia, idea quella che non mi persuadeva ma mi era simpatica. Frequentavo la chiesa come cattolico praticante (lo sono ancora) e mi ero iscritto all'Azione cattolica in quanto era «la sezione», allora e nel mio quartiere, il luogo nel quale ci si ritrovava (del resto frequentavamo, soprattutto per ballare il sabato, anche la Casa del popolo di Porta Romana).

Ma lo tsunami magiaro del '56 sconvolse la mia vita.

Mi ero allora affacciato appena al liceo classico, un livello d'istruzione mai raggiunto prima da nessuno della mia famiglia. Mi movevo quindi in un campo minato nel quale ero inesperto, e l'atmosfera della Firenze «bene» di quegli anni, che mi circondava nella mia classe, per molti versi m'inebriava e mi sconcertava. Sentivo che quello delle nuove amicizie e dei nuovi stili di vita era un passo piú lungo della gamba per i ragazzi della mia condizione socio-economica: tutti i miei amici piú cari infatti, quando non si erano già avviati al ruolo dell'operaio o dell'artigiano, erano stati iscritti a istituti tecnici o di «avviamento al lavoro». Ma io ero un ragazzino timido eppure orgoglioso, forse in fondo un po' megalomane. Leggevo avidamente i romanzi di Emilio Salgari, però già erano entrati nella mia bibliotechina segreta, nel sottoscala, Kipling e Verne e Jack London e soprattutto i «grandi russi»: da Čechov a Gogol a Puškin a Dostoevskij. In quel '56 cosí denso di passioni e di polemiche culminato nell'invasione dell'Ungheria da parte dell'Armata rossa non ero dal canto mio né potevo affatto sentirmi, data l'atmosfera generale di casa e l'ambiente rionale in cui vivevo, visceralmente antisovietico: anzi, i racconti sull'Armata rossa, *Il placido Don* e l'assalto al Palazzo d'Inverno mi affascinavano: ma in cambio ero indignato nei confronti dell'Europa occidentale che aveva assistito immota alla tragedia di Budapest, e col «mio» Carducci (si era carducciani, noialtri liceali degli anni Sessanta) mi ripetevo che «la nostra patria è vile». Perché, come patria ideale, avrei preferito la romantica Spagna, o la dolce Francia, o la marziale Germania; disprezzavo l'Italietta (mi sentivo semmai orgogliosamente toscano) e soprattutto già pensavo all'Europa.

3. *Nel Movimento sociale con il cuore che batte per García Lorca.*

Fu allora che, spinto forse anche dal nuovo contesto sociale in cui ero venuto a trovarmi nel passaggio dal ginnasio al liceo, finii forse contraddittoriamente, ma tuttavia quasi spontaneamente, nelle file della Giovane Italia, la formazione giovanile del Movimento sociale italiano con il quale avevo del resto già simpatizzato tre anni prima, al tempo della crisi di Trieste. Lí «feci carriera»: qualche anno dopo mi ritrovavo, poco piú che ventenne, membro della Direzione nazionale giovanile, molto apprezzato da Giorgio Almirante e da Pino Romualdi. Eppure, contraddizione nella contraddizione, a scegliere una compagine non solo neofascista ma soprattutto connotata in senso nazionalista non mi avevano orientato né i miei familiari, né i miei amici dell'Azione cattolica, né (tantomeno) le mie simpatie culturali: anzi, non avevo mai simpatizzato per l'epopea risorgimentale ed ero attratto semmai dal mito asburgico che avevo sfiorato leggendo *La marcia di Radetzky* e *La Cripta dei Cappuccini* di Joseph Roth. D'altra parte, il mio poeta preferito di allora (chi non ha un poeta preferito, tra i sedici e i vent'anni?) era decisamente Federico García Lorca, il che mi riportava senza dubbio alla «mia» Spagna ma era tanto lontano dal fascismo quanto lo era il mio prediletto scrittore e regista, Pier Paolo Pasolini. E prediletti sono rimasti entrambi. Ricordo ancora a memoria *La casada infiel* di Lorca («Fue la noche de Santiago...»); e quanto a Pasolini, ogni volta che rileggo *Poesia in forma di rosa* («Io sono una forza del passato – solo nella tradizione è il mio amore») o *Le ceneri di Gramsci* («Com'era nuovo Monteverde vecchio...») mi commuovo come allora.

Insomma, un bel puzzle; nemmeno lo zio fascista apprezzò la mia conversione missina: anzi, mi diffidò con energia dall'imbrancarmi con «quella banda di cialtroni» che secondo lui, seguace inossidabile di Berto Ricci, erano tutti venduti al capitalismo e agli americani. Di lí a poco, una volta fondata la Nato, egli sostenne che «quei farabutti là» avevano gettato la maschera; del resto, quanto a lui, votava regolarmente per Nenni.

Ma il vortice delle contraddizioni nella contraddizione non era finito lí, al contrario: nel Msi mi sentivo per molti versi vicino alla corrente «di sinistra» che in Toscana era guidata da un leggendario deputato pisano, Giuseppe (Beppe) Nicolai, adepto del quale era un geniale ragazzo allora appena adolescente, Marco Tangheroni, destinato a divenire uno dei migliori storici medievisti europei, cultore finissimo di storia mediterranea ma candidato purtroppo a una fine precoce a causa di una grave malattia renale (sarebbe difatti scomparso, non ancor sessantenne, nel 2004). Con Tangheroni – che si occupava di storia economica e sociale, ma aveva anche grandi competenze e forti passioni letterarie e musicologiche – ebbi la ventura di costituire un gruppo di letture dantesche il quale si riuniva in San Miniato al Tedesco, tra Firenze e Pisa, attorno alla figura di Giovanni Volpe, figlio dello storico Gioacchino e amico fraterno del mio professore di Storia medievale a Firenze, Ernesto Sestan. Tangheroni d'altronde, profondamente e rigorosamente tradizionalista cattolico sulle orme di Joseph de Maistre, di Juan Donoso Cortés, di Louis de Bonald, aderí al gruppo di Alleanza cattolica e fu tra gli animatori del suo periodico, «Cristianità». Il suo lavoro di ripensamento delle posizioni controrivoluzionarie e antimoderne espresse tra Sette e Novecento, nettamente distinto e per piú versi lontano e opposto a quelle della «destra storica» liberale e conservatrice, è stato affidato tra l'altro a un suo agile libro di sintesi (*Cristianità, modernità, rivoluzione*) e si può per alcuni versi collegare al magistero di uno studioso fiorentino della generazione precedente la sua: il filologo e germanista Attilio Mordini, ex combattente volontario nella campagna di Russia, terziario francescano, studioso di Stefan George, esponente del gruppo espresso dalla rivista «L'Ultima» di Adolfo Oxilia che con Barna Occhini era erede del pensiero papiniano. Di Mordini si può ancor leggere con profitto tanto *Il Tempio del cristianesimo*, che si colloca all'interno della polemica sulla *Weltgeschichte* e sottolinea i pericoli correlati alla perdita progressiva del senso del sacro nel mondo europeo, quanto *Dal mito al materialismo*, prossimo alle tesi di Mircea Eliade e di George Dumézil e in sia pur implicita dialettica rispetto a quelle, strutturaliste, di Vladimir Jakovlevič Propp ancora poco note in Italia. Mordini si spense nell'ottobre del 1966 lentamente ucciso da una malattia contratta alla fine della guerra: poco piú che quarantenne, gli mancò il tempo materiale di sviluppare le sue tesi incentrate sulla crisi dell'Occidente moderno in rapporto al progredire della secolarizzazione della società e all'eclisse del sacro.

Quelle tesi furono tra i motivi principali a condurci, in quegli anni, a esprimere forti perplessità nei confronti degli esiti e soprattutto delle applicazioni ecclesiali del Concilio Vaticano II e rispetto al loro risvolto sociologico che ci pareva minacciato da troppi aspetti immanentistici. E contribuirono a farci simpatizzare in parte con gli orientamenti antimoderni che trovavo esposti e quasi codificati nel famoso libro di un pensatore «pagano» allora considerato sicuro pilastro da molti giovani missini «ribelli» all'orientamento gentiliano manifestato dalla direzione del loro movimento: Julius Evola, i cui libri *Rivolta contro il mondo moderno* e forse ancor piú *La dottrina del risveglio* (un'esposizione del buddhismo largamente ispirata agli scritti di Giuseppe Tucci) c'impressionarono moltissimo. Da Evola profondamente dissentivo sia per il suo anticristianesimo, sia per il suo razzismo e il suo antisemitismo che pure era molto sui generis (egli parlava, alquanto fumosamente, di «razze dello spirito»). Ma quel che di lui m'interessava era l'apprezzamento per le culture tradizionali diverse da quella occidentale: qualcosa che allora era abbastanza raro, sia nella cultura «di destra» che in quella «di sinistra».

Oggi può sembrare strano: ma non appena m'imbattei negli scritti di Claude Lévi-Strauss, che accolsi con entusiasmo, mi resi conto che il mio atteggiamento positivo era frutto di semi sparsi nella mia cultura proprio dall'evolismo. Evola mi aveva preparato ad accogliere il «diverso»: chi lo ritiene contraddittorio e incredibile ci pensi bene (e rilegga libri come il suo *Il cammino del cinabro*). Chi guarda al mondo di Evola dovrebbe meditare con maggior attenzione sull'esoterismo, che tanto ha significato nella nostra cultura dall'ellenismo all'umanesimo ma soprattutto con l'Illuminismo e il Romanticismo; e in questa chiave ci s'imbatte in autori che vanno da Jung a Steiner, da de Nerval a Rilke, da Schuon a Coomaraswamy, da Yeats a Benjamin. Non è un caso se certi temi e certi libri, diffusi tra anni Cinquanta e Sessanta e considerati «polverosi» o «sospetti» dall'intellighentzia allora dominante, sono poi stati rivisitati da studiosi come Massimo Cacciari o Giacomo Marramao e comparsi di nuovo nelle apprezzate collane dell'Adelphi. Il tema della «tradizione», ad esempio, guardato con sussiegosa ironia o con astio preconcetto quando veniva trattato da personaggi come un Elémire Zolla, è riemerso poi con forza e commozione nella *Poesia in forma di rosa* di Pier Paolo Pasolini («solo nella tradizione è il mio amore»). Per non parlare di Tolkien, oggetto di vecchi e di nuovi malintesi...

4. *Il pensiero antimoderno.*

Polemiche vecchie, ma sempre risorgenti: e che vengono da lontano. A cogliere l'atmosfera di quel momento e di quegli ambienti, finora inadeguatamente studiata, giova forse oggi la lettura dei saggi di un docente di storia della filosofia dell'Università Statale di Milano, peraltro mio quasi coetaneo e amico, Davide Bigalli. Marxista rigorosissimo negli anni Sessanta, egli è poi approdato ai pregevoli studi sulla regalità sacra e i suoi ciclici «ritorni» (è una gioia per la mente il suo *Il ritorno del re. Artú, Sebastiano e Ras Tafari*). Nel lucido saggio dal titolo *Un'altra modernità*, Bigalli ha magistralmente presentato il complesso ma tutt'altro che disordinato intrico labirintico di un pensiero antimoderno e tradizionalista storico, metastorico, politico e metapolitico che ha carsicamente percorso la storia intellettuale italiana, francese, spagnola, tedesca, angloamericana e russa approdando (per una serie di circostanze legate piú alle scelte politiche che non all'eccellenza intellettuale) a istanze non inquadrabili all'interno né della «destra» né della «sinistra»: com'è stato esposto con pacato rigore nelle molte monografie dello «scienziato della politica» Marco Tarchi dell'Università di Firenze, tra le quali è utile tener presenti *Contro l'americanismo* e *La rivoluzione impossibile. Dai Campi Hobbit alla Nuova Destra*. Consiglierei questi libri di Bigalli e di Tarchi, che non sono diffusi quanto dovrebbero, ai giovanissimi di oggi che volessero in qualche modo difendersi contro il conformismo e il «pensiero unico».

Mi permetto d'insistere su Tarchi. Giovanissimo esponente e precoce alto dirigente del Msi fino a metà degli anni Settanta, uscí da quel movimento circa un decennio dopo l'esodo mio e del gruppo del quale facevo parte, e con giustificazioni non troppo diverse dalle nostre ma animate da un corredo intellettuale ben piú forte e ricco del nostro. Noi avevamo abbandonato il partito della Fiamma tricolore in quanto stanchi del suo patriottardismo nostalgico – che ritenevamo utile solo a raccoglier suffragi elettorali di margine – e stanchi della sua disonesta «doppia anima» che predicava la rivoluzione sociale alla base mentre compiva regolarmente scelte conservatrici e atlantiste al vertice; e finimmo con l'imbarcarci su un vascello immaginario alla volta dell'«Isola che (forse) non c'è», la Cuba tra il mitico e l'utopico messaggio di Fidel Castro e soprattutto di Ernesto «Che» Guevara (giova a comprendere questa temperie il sorprendente libro a cura di Luciano Lanna e Filippo Rossi, *Fascisti immaginari*). Tarchi, con la sua vigile e severa razionalità, scelse invece di ancorarsi – sia pure con molta indipendenza di giudizio – al magistero di Alain de Benoist cogliendo gli aspetti piú originali del suo pensiero e procedendo poi in modo altrettanto originale dal campo ancora generico di una «Nuova destra» anticonservatrice, antipopulista e antitotalitaria a quello rischioso ma arioso e libero delle «Nuove Sintesi». Un campo insomma che all'origine (anni Settanta) venne fecondato dalle interpretazioni fantamitopolitologiche del *Signore degli Anelli* di Ronald R. Tolkien, ma ch'era e rimase ben diverso, e lontanissimo fino all'estraneità, rispetto al quadro del «fascismo eterno» delineato dal grande Umberto Eco in uno dei saggi che non si colloca tra i suoi scritti piú convincenti – lo dichiaro con rammarico, per l'ammirazione che ho per lui e il ricordo commovente della sua amicizia.

In particolare, Tarchi e i suoi collaboratori si schierarono esplicitamente – l'ho già anticipato – contro qualunque forma di totalitarismo (incluso quello «liberista») e di razzismo. In ciò, le sue indicazioni mi convinsero e continuano ancora a convincermi: sono lettore attento e assiduo del suo mensile «Diorama». Inviterei in particolare chi volesse maggior chiarezza al riguardo a rileggere il suo saggio *Contro l'americanismo*, del quale ho peraltro già fatto cenno: una critica nei confronti dell'*American way of life* che non ha nulla dell'antiamericanismo becero e acritico che si può riscontrare in molti ambienti sia di destra sia di sinistra, ma ch'è incentrata sui pericoli costituiti dall'individualismo *libertarian*, dalla mistica del «manifesto destino» della «nazione americana» e dal primato congiunto di economia, finanza e tecnologia che hanno caratterizzato l'ottimismo di quel «Secolo americano» che oggi sembra tramontato e sostituito da un piú realistico multilateralismo.

5. *Identità democratica e responsabilità civica.*

A questo punto non saranno forse in pochi a chiedersi se, fino a che punto e in che senso il mio personale iter può essere valutato in termini di contributo alla costruzione di una «identità democratica». Non sta a me il rispondere a tale possibile quesito in quanto sono a esso estraneo: mi sono limitato ad accettare un invito. Mi preme tuttavia dichiarare la mia adesione, al riguardo, a quanto esposto nello studio di Luciano Canfora, *La democrazia. Storia di un'ideologia*: e aggiungere che all'ideologia democratica si può o meno aderire, ma che – lungi da qualunque «mistica della democrazia» – il concetto d'identità democratica non mi sembra possa essere inteso se non nel senso della costruzione di un forte e coerente senso di responsabilità civica. L'ideologia democratica nella sua effettiva dinamica storica, nei suoi sviluppi e nelle sue variabili, può lasciare critici e perplessi; il «metodo democratico» in quanto prassi di scelta di élite dirigenti all'interno di una civiltà civile può venir positivamente valutato, a patto di non abbandonarsi alla mistica del «migliore dei sistemi possibili» che non è razionalmente comprovabile: e ch'è invece quanto nella sostanza si sente ripetere di continuo, nella riproposizione dello stanco ironico aforisma secondo il quale la democrazia sarebbe «il peggiore dei sistemi possibili, *esclusi* tutti gli altri».

A dire la verità, mi sembra che un atteggiamento del genere appartenga al genere di quelli che da Lévi-Strauss in poi siamo abituati a definire «etnocentrici», tesi cioè (magari inconsciamente) a giudicare persone, cose e valori alla luce della propria cultura e senza tener sufficiente conto di tempi, luoghi, precondizioni e situazioni in troppi sensi differenti dai nostri e dalle nostre: e quindi poco disposto a considerare i difetti della società che ci è propria – oppure addirittura certo che il nostro sia «il migliore dei mondi possibili» – e non disposto a giudicare quelle diverse dalla nostra *iuxta propria principia*. E notare tutto ciò, attenzione, non è affatto «relativismo»: semmai è relatività.

Fin dalla giovinezza mi è capitato (e non per merito mio) di coltivare un senso profondo di apprezzamento per la relatività dei processi dinamici della società mondiale a valutar la quale mi è stata non solo utile, ma – lo dichiaro ad alta voce, senz'ombra di volontà provocatrice – proprio la giovanile esperienza missina, avviata dopo qualche incerta premessa nel 1956 e conclusa nel 1965. Un'esperienza molto meno insolita di quanto non si creda: per quanto molti dei suoi protagonisti di allora – che in seguito hanno giocato un ruolo anche politico e culturale molto importante in altre aree – abbiano in seguito preferito per varie ragioni tenerlo celato. Potrei fare alquanti nomi al riguardo, taluno celebre: me ne asterrò, rispettando la volontà espressa dal loro silenzio (e in qualche caso della loro esplicita richiesta del mio) che saranno semmai essi stessi, se vogliono, a rompere.

Ma in termini di crescita della consapevolezza civica, ribadisco il carattere prezioso di quell'esperienza: vivere e lavorare all'interno di una comunità minoritaria – oggetto per giunta di emarginazione e di varie forme di ostracismo legale o illegale ma sempre profondamente illecito – mi ha insegnato a stare al mio posto anche se scomodo e a difendere la libertà mia e altrui attraverso l'esercizio della dignità e del coraggio delle mie scelte e delle mie convinzioni. E l'avere talvolta sopportato ingiustizie e discriminazioni si è tradotto in una splendida scuola alla quale imparare che le ingiustizie non vanno mai né commesse né tollerate in quanto ledono la dignità dell'offensore ancor prima dei diritti dell'offeso. All'interno del Msi, considerato da un facile e comodo conformismo un movimento di «ignoranti» e di «picchiatori», mi è capitato di conoscere e di frequentare ogni genere di persone, tra le quali alcune assolutamente splendide. Là ho appreso il coraggio di stare con le minoranze e il rispetto per tutte le minoranze.

6. *Lo studio come professione.*

Tuttavia, allora, la mia esperienza fu discontinua: svanito il commosso entusiasmo dei giorni di Budapest, quasi tutti i tre anni liceali passarono all'insegna della confusione, dell'incertezza, del disordine interiore. Il lavoro politico che stavo tumultuosamente portando avanti e lo squilibrio dovuto anche a fattori personali (la difficoltà a governare le turbe adolescenziali, le violente «cotte» amorose dalle quali ero spesso dominato) mi condussero addirittura all'espulsione da un prestigioso liceo classico pubblico fiorentino. Costretto a ripiegare sul privato, provvidero per fortuna a salvarmi l'ostinazione di mio padre a non negarmi fiducia nonché i padri scolopi della Badia fiesolana e i padri gesuiti di Villa Sant'Ignazio. Nel breve cerchio di due anni, tra una seconda liceo preparata affannosamente da privatista e una terza splendida e «rivelatrice» della bellezza del sapere, conseguii quella passione per lo studio ch'era forse *naturaliter* mia ma che – pur amando leggere, scrivere e viaggiare – avevo a lungo ignorato. Ebbi una guida sicura in tutto ciò: un allora giovanissimo insegnante di greco e latino, il cesenate Alieto Pieri, fine studioso di Euripide e di Lucrezio e piú tardi direttore della Scuola italiana di Atene e dell'Istituto italiano di cultura a Parigi, a sua volta purtroppo immaturamente scomparso nel 2005. Aveva appena ventisei anni, soltanto sette piú di me, quando in quell'aula con le finestre spalancate sulla collina fiesolana stavo rispettosamente in piedi accanto a lui, seduto in cattedra durante le interrogazioni. A scuola ci aveva sempre dato severamente del lei: si rivolse a me con il tu solo una sera, a fine aprile del 2003, a cena a casa sua, la prima volta che c'incontravamo dopo tanti anni e l'ultima che ci vedemmo. Sapevo ch'era malato ormai irrimediabilmente: e lui sapeva che io sapevo. Mi regalò un suo libro, un romanzo protagonista del quale era il suo amato Lucrezio: *Non parlerò degli dèi*. Un libro pieno di dottrina, di cultura, di amore per lo studio vero che non è erudizione, non è fatica libresca, bensí autentica vita.

La mia esistenza intellettuale e culturale è purtroppo cosparsa di amici e maestri che se ne sono andati troppo presto: un vivido ingegno storico quale Marco Tangheroni, un severo filologo come Attilio Mordini, un politico di esemplare virtú civica come Marzio Tremaglia, un giovanissimo studioso ch'era una promessa per la filosofia come Gabriele Truci, un giornalista estroso e appassionato come Giulio Schettini, un letterato imprevedibile e libero da qualunque schema come l'italianista Marzio Pieri (omonimo ma non parente di Alieto), un giovane appassionato organizzatore socialista come Giovanni Francovich, un religioso insegnante e testimone di fede e di libertà tra Israele e Giordania come il francescano Michele Piccirillo, biblista e archeologo. Mi sono chiesto piú volte con inquietudine perché la maggior parte di quelli che erano i miei amici migliori se ne sia andata prematuramente.

Era stato a suo tempo l'incoraggiamento di Alieto Pieri a farmi scegliere lo studio come professione e a spingermi a intraprendere il cammino universitario; a farmi decidere per la storia medievale furono l'esempio e l'insegnamento di Ernesto Sestan, secondo il quale esercizio di libertà e critico disincanto erano, weberianamente, le due basi della ricerca storica come scientifica probità e professione d'impegno civico; a radicarmi nel «mio» Medioevo concorsero uno splendido film, *Il settimo sigillo* di Ingmar Bergman (e forse, magari, il suo «rovescio» satirico fino alla commozione, *L'armata Brancaleone* di Mario Monicelli), e due maestri da me molto amati, Jacques Le Goff a Parigi e Joshua Prawer a Gerusalemme. Accanto a loro, non posso d'altronde passar sotto silenzio la figura di Giorgio Spini: storico dell'Età moderna che mi aiutò ad allargare i miei orizzonti storici, cristiano «riformato» (era metodista) aperto al dialogo con tutti, socialista convinto e impegnato che pure non esitò, alla fine degli anni Sessanta, ad aprire le porte del suo istituto universitario a uno strano giovane studioso guardato da altri con sospetto per i suoi «trascorsi fascisti». Da tutti loro ho appreso quello che è – né altrimenti mai potrebbe essere – l'essenza dell'amore per la ricerca della verità che abita nel fondo del lavoro dello storico: il fatto cioè che la storia può ben avere (e per me, cattolico, senza dubbio alcuno li ha) una ragione e un senso metafisici, trascendenti: ma non ha, non può avere, alcun senso né alcuna ragione immanenti. Qualunque tentativo di rendere la storia «intelligibile», per raffinato che possa aver avuto l'apparenza di essere, ha sempre finito col rivelarsi un tragicomico imbroglio: nella migliore delle ipotesi, un congegno fondato sul metodo delle «profezie *post eventum*». Ed è quanto ha indotto storici come David S. Landes ad affermare che la storia non solo *si può*, bensí *si deve* scrivere al condizionale, con tutti i «se» e i «ma» possibili e immaginabili: in quanto nessun «possibile» è necessariamente realizzato prima di realizzarsi; e i «possibili» sono infiniti. E questo è il senso, ma anche la tragicità profonda, del nostro esser liberi: di quella libertà che appartiene anche al naufrago aggrappato a un relitto in una notte perfettamente quieta, ma priva di luna e di stelle. Una libertà che implica l'impossibilità concettuale di orientarsi con sicurezza, ma anche il dovere etico di scegliere una qualunque direzione e di farlo con coraggio, in piena coscienza. Il dovere etico del rischio scelto in piena consapevolezza e in spirito di umiltà.

7. *Il libero arbitrio e la teologia della storia.*

Avevo peraltro, se non compreso, quanto meno intuito tutto ciò, al tempo della mia felice adolescenza; felice nonostante tutto, come tutte le adolescenze. Ragazzo di San Frediano, ho passato la mia all'ombra solenne della brunelleschiana basilica agostiniana di Santo Spirito, culla dell'Umanesimo fiorentino. Tra le mie precoci letture, suggeritemi dai buoni padri agostiniani – come dimenticare il grande Gino Ciolini, esegeta di Marx e di Freud nell'Istituto teologico per laici? – c'erano le *Confessiones* e il *De civitate Dei*. Dal magistero di sant'Agostino *Doctor Gratiae* appresi la pericope che poi sarebbe stata la stella polare (spesso perduta di vista: è vero) del mio agire di uomo e di studioso: *Deus, Qui creavit te sine te, non servabit te sine te*. Che non significa tanto che Dio abbia bisogno dell'uomo, quanto che la sua onnipotenza – contrariamente a quel che ritengono i nostri fratelli in Abramo, i musulmani, fautori dell'esclusiva *potentia absoluta* divina – è una *potentia ordinata*, liberamente subordinata al libero arbitrio di ogni singolo mortale: s'egli non sa, o non può (e in ultima analisi non vuole) salvarsi, nemmeno Dio può farci nulla. Una grande lezione di teologia della storia.

Indugiamo su Agostino e sulla sua altissima lezione indispensabile al tempo nel quale viviamo. Dinanzi al saccheggio visigoto dell'Urbe nel 410, egli con mesta lucidità si chiese quali fossero state le colpe dei romani signori del mondo (*peccatis nostris exigentibus*) a determinare da parte di Dio la decisione di una punizione tanto grave: il che implica che differenti scelte degli imperatori, del Senato o del popolo avrebbero determinato differenti esiti, allo stesso grado di probabilità e di necessità. Quando il presidente George W. Bush junior, reagendo alla tragedia terribile dell'11 settembre del 2001 si chiedeva «Ma perché ci odiano tanto?» egli dimostrava non solo di non aver mai letto il *De civitate Dei* (e fin lí...), ma soprattutto di non saper nulla della storia e di essere rimasto da sempre appagato dall'ottimismo acritico della «vulgata» americanista, quella della coincidenza tra interesse degli Stati Uniti e benessere del genere umano.

8. *La «coincidentia oppositorum» di Nicola Cusano.*

Da tutto ciò discende un quadro complesso ma al tempo stesso ben articolato della storia. Lo incontrai sulla soglia dell'università, grazie alla *concordia discors* di Alieto Pieri, di Attilio Mordini e di un altro mio grande maestro universitario, Eugenio Garin (inutile dire che tra loro non si conoscevano affatto). Fu grazie al loro convergente insegnamento che m'imbattei in un grande testo umanistico, il dialogo-trattato *De pace fidei* di Nikolaus Krebs, nato a Cues presso Coblenza e noto in Italia come Nicola Cusano. Un dialogo utopico e apocalittico che vede tutti i popoli della Terra schierati dinanzi al trono del Gran re scritto nel fatale 1453, l'anno della conquista ottomana di Costantinopoli.

All'epoca Cusano aveva già elaborato il metodo della *coincidentia oppositorum*, il superamento della logica: era divenuto cardinale, aveva predicato la crociata ma si era congratulato con l'amico Juan de Segovia il quale aveva intrapreso la traduzione latina del Corano. Nella sua opera, espressione di un potente pensiero, egli obbliga i rappresentanti di tutte le religioni del mondo e della storia a scoprire attraverso un libero, altissimo dibattito, il carattere unico della Verità universale che vive nella diversità delle tradizioni e a riconoscere «che non vi è se non una sola religione, nella molteplicità dei riti». L'opera cusaniana fu scoperta nel 1928 dal piú grande studioso di storia delle religioni del XX secolo, Mircea Eliade. Ed è un viatico per il futuro che, sia pure spogliato da qualunque fideismo religioso, mi sento d'indicare ai giovanissimi per farne base di una loro «lettura laica» della storia universale.

9. *I nuovi padroni del mondo.*

Sulla soglia dell'età moderna, mentre l'Occidente si apprestava a far saltare l'antico equilibrio di un'umanità «a compartimenti stagni» e a inaugurare con l'economia-mondo la globalizzazione che avrebbe gestito nel nome dei suoi parametri proposti come i soli veramente «universali», Nicola Cusano guardava ancora alle antiche tradizioni allora in procinto di venir sommerse e soggiogate: e sognava una sintesi che nei secoli successivi apparve inattuale e impossibile mentre oggi torna a proporsi come necessaria. Oggi, libri come *Il furto della storia* di Jack Goody e *La democrazia degli altri* di Amartya Sen, del resto preceduti da un «classico» quale *Il mondo e l'Occidente* di Arnold J. Toynbee hanno contribuito a chiarirci le idee liberandoci da schemi ormai invecchiati; mentre scritti quali *Chi sono i padroni del mondo* di Noam Chomsky hanno avviato forse definitivamente il tempo del disincanto sfrondando gli allori dei quali si sono troppo a lungo adornati gli altari della libertà individualistica e del progresso turbocapitalista e inaugurando un multilateralismo ormai necessario, che possa affrontare sul serio l'autentico grande problema dei nostri tempi: l'urgenza di una piú equa ridistribuzione della ricchezza nel mondo. Che è questione non primariamente economica, bensí essenzialmente, intrinsecamente etica per tutto il genere umano. Ho cercato di precisare questi problemi e queste istanze in un saggio recente, *La deriva dell'Occidente*, ch'è stato giudicato «un libro di destra scritto da uno di sinistra, o forse un libro di sinistra scritto da uno da destra»: definizione questa certo ironica, forse polemica, ma che ben mi sembra qualificare la mia reticenza a collocarmi dall'una non meno che dall'altra parte. Coincidenza ha voluto che il mio libretto sia stato seguito a ruota da una monografia di ben altro valore, ma che va nella medesima direzione e anzi intensifica – e aggrava – la drammaticità del mio assunto: *La défaite de l'Occident* dell'antropologo e storico Emmanuel Todd.

In un mondo che cambia ancora piú rapidamente di quanto sembri – meditate sul numero di aprile 2023 del «National Geographic Italia», dall'eloquente titolo demografico *8 miliardi. Il Paradosso* – le nostre cognizioni non possono piú affidarsi alla disinformazione mediatica né contare sull'educazione standardizzata e obiettivamente obsoleta che (nonostante le buone intenzioni di molti) continua a venir diffusa dalle istituzioni scolastiche. I grandi problemi del momento, dal riscaldamento e dall'inquinamento ambientali al disordinato e fragile incremento demografico fino all'intelligenza artificiale e alle questioni della selezione delle élite e dell'organizzazione del consenso che stanno alla base delle dinamiche democratiche ma ne costituiscono anche la minaccia, hanno bisogno di esser guardati con occhi nuovi e spregiudicati. Il libro di Zygmunt Bauman *Modernità liquida*, ormai divenuto un «classico», ha segnato proprio all'inizio del nostro secolo – e del nuovo millennio – la *Jahrhundertswende* di una storia del mondo che stava ormai voltando pagina, come tragicamente era stato annunziato dall'11 settembre di due anni prima della sua pubblicazione. E il 18 giugno 2015 papa Francesco, promulgando l'enciclica *Laudato si'* dedicata alla «cura della casa comune», ha formulato pacatamente una serie di denunzie documentate a proposito della perdita delle diversità, del rapporto tra deterioramento della qualità della vita e degrado sociale, dell'«inequità» (ardito e pittoresco ispanismo che efficacemente coniuga ineguaglianza, ingiustizia e iniquità) che domina il pianeta, della subordinazione dei doveri e dei compiti comunitari all'interesse dei pochi, della tragica complicità tra concentrazione del potere e della ricchezza da una parte, crescenti impoverimento e sottoproletarizzazione di massa dall'altra. Ho sintetizzato il pensiero del Santo Padre nel saggio *Un uomo di nome Francesco*: una provocazione che quasi nessuno ha raccolto. Lascio a chi vorrà farlo l'indagare le ragioni di questa sfida andata a vuoto.

Ed ecco il punto, in sintesi. E debbo forzatamente concludere con una citazione da papa Francesco: «La nostra non è un'epoca di cambiamenti, ma un cambiamento d'epoca».

Gustavo Zagrebelsky

Il mutamento genetico della democrazia

Gustavo Zagrebelsky (San Germano Chisone, 1° giugno 1943). Professore emerito nella Università di Torino. Socio della Accademia delle Scienze di Torino, della Accademia Nazionale dei Lincei, dell'Istituto Lombardo di Scienze e Lettere. Già giudice e presidente della Corte costituzionale. Autore, presso Einaudi, di *Il diritto mite*, seconda edizione, 2024. Tra le pubblicazioni piú recenti *La Giustizia come professione*, Einaudi, Torino 2021; *Qohelet. La domanda*, il Mulino, Bologna 2021; *La lezione*, Einaudi, Torino 2022; *Tempi difficili per la Costituzione. Gli smarrimenti dei costituzionalisti*, Laterza, Bari-Roma 2023.

Qual è lo stato di salute della democrazia, nel momento storico che è il nostro? Nel teatro antico, le idee, le passioni, le paure e i desideri collettivi sono spesso personificati e parlano da sé. Perfino «le leggi» sono dotate di parola. Se anche la democrazia fosse dotata di favella, e volesse essere veritiera, che cosa potrebbe dire di sé per accendere o rafforzare la fede di cui ha bisogno? Viviamo un tempo di perplessità e questo pilastro dei convincimenti politici dell'«Occidente» – suo tratto tipico e motivo di compiacimento e talora di senso di superiorità – la democrazia, non è piú cosí solido come è stato fino a un passato prossimo.

Aristofane rappresenta «la tregua» come un'affascinante fanciulla avvolta in pepli trasparenti che esce dalla grotta in cui «la guerra» l'aveva rinchiusa, e il popolo stanco di violenza esclama: «Come è bella». Oggi, della democrazia, una volta uscita dall'involucro ideologi co che in certi momenti storici l'ha avvolta, diremmo ancora: «Come è bella»? Oppure, attraverso le trasparenze ci apparirebbe piuttosto una vecchia acciaccata? Difficilmente susciterebbe entusiasmi come quelli che l'accompagnarono solo alcuni decenni fa, subito dopo la catastrofe dei fascismi.

1. *Il popolo.*

Stiamo parlando di una parola e di un'idea dalla lunga storia, segnata da molte «trasformazioni». Pretendere di fermare il lavorio del tempo e parlare di qualcosa di oggi nei termini di molti anni, secoli, millenni or sono, solo perché la parola è la stessa, sarebbe assurdo. La democrazia degli Antichi non si deve confondere con quella dei nostri giorni. La differenza è capitale. Essi sapevano di che cosa parlavano quando mettevano la democrazia a confronto e in opposizione con l'oligarchia e la monarchia. Non si trattava, per loro, di «forme» di governo, ma di «sostanza» di potere politico, nonché di appropriazione di tale sostanza da parte di qualcuno e di espropriazione di altri. «Il popolo» non equivaleva a «i tutti», come l'intendiamo noi oggi. Era un concetto non universale perché indicava una parte. Non era un'astrazione, ma un soggetto collettivo concreto che si poteva vedere muovere per le strade, partecipava alle assemblee, alle feste popolari e alle rappresentazioni in teatro, era agitato da passioni, si abbandonava a violenze. Il *dèmos* era quello che diremmo il «popolo minuto», composto da coloro che non avevano altro cespite per vivere che i proventi del loro lavoro. Dovevano lavorare per vivere. La rendita era dei ricchi; il lavoro, dei poveri: agricoltori, artigiani, marinai, manovali, commercianti. In breve: coloro che assicuravano i beni materiali necessari alla vita e alla potenza della città. La democrazia era per loro.

Di fronte a questo popolo minuto stavano gli oligarchi, i «nobili», naturali avversari del *dèmos* e della democrazia. Questa divisione era la premessa della guerra civile, della *stasis*, per imporre la democrazia contro l'oligarchia o viceversa. Il numero – il popolo, tanti; gli oligarchi, pochi – era un accidente. La questione centrale era la distribuzione della ricchezza, cioè il censo: democrazia contro plutocrazia. Aristotele è chiaro (sebbene con una certa forzatura delle parole): «ciò per cui differiscono realmente la democrazia e l'oligarchia sono la povertà e la ricchezza: di necessità, dove i capi hanno il potere in forza della ricchezza, siano essi pochi o molti, ivi si ha oligarchia; dove invece lo hanno i poveri, la democrazia: e tuttavia avviene che quelli siano pochi, questi molti» (*Politica* 1280ab).

In breve, la democrazia per gli Antichi era una conseguenza, diremmo, della lotta di classe, mentre oggi, quando concepiamo il popolo come comprensivo dei «tutti» essa è il regime dell'uguaglianza, cioè della pacificazione tra le classi sociali e, alla fine, perfino del loro superamento.

La «nostra» democrazia è, dunque, una cosa diversa da quella antica: c'è posto per tutti, poveri e ricchi, lavoratori, imprenditori, fannulloni e rentier, colti e ignoranti, eccetera. Dà l'impressione, o l'illusione, che le contrapposizioni sociali possano essere attutite e neutralizzate attraverso la partecipazione di tutti sul piede di parità alle istituzioni democratiche, nelle quali ci sono solo «cittadini», gli uni uguali agli altri nell'essenziale e diversi nei dettagli sui quali ci si può mettere d'accordo. Una volta che «tutti» siano chiamati a far parte della medesima cerchia politica, non c'è bisogno di stabilire chi ne è dentro e chi ne è fuori. Tutti vuol dire tutti, e non c'è altro da aggiungere. La democrazia che noi conosciamo è essenzialmente interclassista. Il suo successo si misura sulla «integrazione» sociale e politica ch'essa è capace di promuovere. Abbiamo tutti davanti agli occhi lo spettacolo talvolta sorprendente e sgradevole di quanti, accesi da sacri furori prima di entrare nelle istituzioni della democrazia, in poco tempo vengono, per cosí dire, addomesticati. Ciò potrà non piacere a chi è in cerca di sensazioni forti e non disdegnerebbe di menar le mani, a chi pensa alla democrazia come regime smidollato, ma è proprio cosí. Solo che questo carattere della democrazia che ad alcuni sembra un difetto, ad altri pare precisamente il suo massimo pregio: assorbire le ragioni dei conflitti.

2. *Democrazia e autocrazia.*

La democrazia come ideologia politica trovò il terreno adatto all'espansione su scala planetaria negli anni successivi alla Seconda guerra mondiale. Pur non pronunciando la parola, la *Dichiarazione universale dei diritti dell'uomo* del 1948 accenna tuttavia alla «cosa» quando (art. 21) proclama il diritto di ogni individuo di partecipare al governo del proprio Paese, direttamente o attraverso propri rappresentanti liberamente eletti. Come teoria democratica non è tutto, ma è già qualcosa. Nella *Convenzione europea per la salvaguardia dei diritti dell'uomo e delle libertà fondamentali* del 1950, il «regime politico effettivamente democratico» compare come condizione di libertà, giustizia e pace, e nei «protocolli aggiuntivi» l'accento dai «regimi» si sposta alle «società democratiche». Dopo secoli di oppressioni degli uni sugli altri, di guerre degli uni contro gli altri, di stermini e genocidi, dopo secoli di «ismi» che avevano diviso il genere umano giustificando il dominio dei forti sui deboli (nazionalismo, imperialismo, colonialismo, schiavismo, razzismo, fascismo), la visione del mondo cambiò radicalmente. Le prime parole del *Preambolo* della *Dichiarazione* parlano di «famiglia umana»; il *Preambolo* della *Convenzione*, a sua volta, parla di diritti universali come basi della giustizia e della pace tra tutti gli esseri umani. Semplici belle parole? Ideali? Utopie? Parole per lavare molte coscienze? Ipocrisie? Il dubbio è giustificato. Nessuna revisione, nessuna o irrilevante riflessione autocritica sulla «civiltà occidentale» che del passato remoto e prossimo era stata forza trainante (e anche del presente e, forse, del futuro). Nessun mea culpa e (quasi) nessuna riparazione. A ogni modo, ciò che qui interessa è il rovesciamento di prospettiva, accettato come cosa ovvia: la democrazia, da regime di divisione quale fu classicamente, divenne il regime della concordia.

Il rovesciamento avvenne quasi istintivamente. I regimi autocratici cui si dovevano le responsabilità delle tragedie dei popoli in guerra tra loro, dei milioni di morti e di feriti, di immani distruzioni, avevano fatto della democrazia in entrambi i suoi aspetti, cioè sia come regime politico che come legami sociali, il nemico da abbattere. È comprensibile che la loro sconfitta sia stata una rivincita. L'autocrazia, il pessimo regime; la democrazia, l'ottimo regime. Non ci potevano essere dubbi. «Democrazia» – *la parola* – divenne padrona del lessico politico e sociale: la pietra di paragone del giusto e del buono, cosí come dell'ingiusto e del cattivo, con riguardo sia alle relazioni tra gli Stati e i loro cittadini, sia alle relazioni dei cittadini tra loro nelle famiglie, nelle associazioni, nei partiti, nei sindacati. La sua forza espansiva è stata grande: nella scuola, negli ospedali, perfino nell'esercito. Ovunque esistesse una separazione di posizioni tra l'alto e il basso, la democrazia possedeva una forza di penetrazione.

Divenuta la parola patrimonio comune in vista di un regime politico «di tutti», cioè di nessuno, in particolare di nessuna classe sociale ma di tutte, si comprende facilmente che i discorsi democratici si trasferissero – dovettero trasferirsi – dal «chi», cioè dal soggetto storico titolare di quel tipo di governo, a una costellazione di elementi rivolti alla pacifica convivenza, anche eterogenei; eterogenei, sí, ma tutti orientati in senso antiautocratico. In questo senso negativo, il concetto di democrazia è chiaro e preciso: per l'appunto, il contrario dell'autocrazia. Ma la sua definizione positiva lasciava aperte molte possibilità, molte sottolineature, molte accentuazioni e attenuazioni. In una parola divenne un concetto problematico, aperto, disputabile. La vocazione antiautocratica della democrazia non si poteva ridurre all'esaltazione del popolo, quale che ne fosse la nozione. Il «potere del», o «al popolo», sarebbe potuto diventare a sua volta un potere pericoloso, oppressivo, smodato, oppure fatuo, ballerino, irresponsabile e perfino suicida. Non bastava, dunque, dire popolo e democrazia.

3. *L'uomo democratico.*

Nel 1951 l'Unesco, con il titolo *Democrazia in un mondo di tensioni*, pubblicò i risultati di un simposio che vide riunito piú di un centinaio di filosofi, giuristi, storici, sociologi, scienziati della politica e della comunicazione, economisti. Si trattava di mettere a confronto le differenze di concezioni concernenti non il titolare, il popolo, ormai indiscutibilmente il «popolo tutto quanto», ma la qualità, le finalità e le modalità delle decisioni politiche a lui imputabili. Doveva essere un contributo alla comprensione tra i blocchi politici in cui il mondo si era diviso. Si potrebbe dire: pace attraverso democrazia. Ne venne fuori un quadro composito di temi e concezioni diversi ed eterogenei che i partecipanti alla discussione considerarono rilevanti per la democrazia del nostro tempo. Per esempio, si discusse di uguaglianza giuridica e uguaglianza di benessere, democrazia formale e sostanziale, giustizia, diritti politici e sociali, partiti politici, libertà economiche e vincoli sociali, libertà di opinione e di stampa, sicurezza delle persone, stato di diritto, separazione dei poteri e controllo del potere, protezione delle minoranze, tolleranza del dissenso, pluralismo delle idee e delle religioni, laicità dello Stato, diritti delle maggioranze e garanzie delle minoranze, principio di non-discriminazione, elezioni oneste e liberi parlamenti, pace. Non solo questo: si discusse anche della formazione di una cultura, di un'etica e di una psicologia, cioè, si potrebbe dire, dell'«uomo democratico». Come c'è l'essere umano che ha interiorizzato la gerarchia o l'autorità, cosí la democrazia presuppone un humus umano conforme nelle rappresentazioni etiche e concettuali della vita associata. Infatti, «fra gli individui necessariamente vi sono tanti tipi quante sono le forme di governo. Crediamo forse che esse spuntino come da una quercia o da una pietra, anziché dai costumi prevalenti (*èthos*) dei cittadini che le trascinano dalla parte verso cui essi stessi propendono?» (Platone, *Repubblica* 544d). Perciò la democrazia non è solo una forma di governo: è anche un insieme di conformi qualità degli esseri umani.

Questa problematica compariva nelle discussioni del simposio di cui abbiamo un ampio resoconto, che meriterebbe d'essere studiato per essere consapevoli di quanti aspetti della vita sono in ballo quando si parla di democrazia. Tanti aspetti allora (Küchenhoff, 1967, vol. II, pp. 591 sgg.), e oggi molti di piú, quando il quadro, nel frattempo, si è ulteriormente complicato di fronte a nuove sfide.

4. *La democrazia non è una idea fissa.*

Non tutte le opinioni e le proposte possono essere messe armonicamente sulla stessa linea di sviluppo, stanno in un medesimo indirizzo, come se dire democrazia possa significare uno stesso programma politico: basti pensare alla tensione «classica» tra libertà e uguaglianza, o a quella tra astensionismo o interventismo dello Stato nelle dinamiche economiche e sociali. La lettura di quei resoconti dà, piuttosto, l'impressione della esibizione di molte tessere d'un mosaico che non è ancora definito, ma che attende esserlo. Il mosaicista può utilizzare le tante tessere a sua disposizione e, addirittura, scartare quelle che non gli servono. Analogamente, la democrazia «non è» ma «risulta»: risulta dalle tante possibili combinazioni degli elementi in cui è scomposta e devono essere ricomposti.

Da ciò, alcune conseguenze. Innanzitutto, possono esistere diverse versioni della democrazia, variabili nel tempo: la democrazia non è una «idea fissa». Ciascuna di tali versioni è il prodotto di scelte combinatorie di politica costituzionale e, dunque, dipende non da un'idea astratta ma da una dinamica di forze politiche. Inoltre la democrazia non è un principio da cui si possa partire per successive determinazioni logiche guidate dal principio di non contraddizione, ma è un valore, anzi un insieme di valori ai quali tendere per mezzo di azioni finalizzate allo scopo. Infine, solo chi si accontenta di idee superficiali può dire: ci sono le elezioni, le ho vinte, posso ciò che voglio. Come se si trattasse del movimento d'un meccano.

Poiché la parola democrazia è come una formula magica, un «concetto idolatrico onnicomprensivo» (*allumfassender Idolbegriff*), in cui molti se non tutti (non certo gli «oligarchi») possono trovare il loro bene, o almeno una parte del loro bene, si comprende come e perché essa, allora, abbia stravinto la sua battaglia, dopo millenni di ostracismo. Dopo essere stata condannata per secoli come una delle forme deteriori di governo, veniva ora riabilitata come la migliore. Democrazia, «la piú dolce delle parole» (analogamente a ciò che gli Antichi dissero della *isonomia*). Per entrare nel consesso dei popoli civilizzati, non si può non esibire, come passe-partout, una patente democratica. L'ingresso di uno Stato nell'Unione Europea è condizionato a un esame circa l'esistenza di «stabili istituzioni che garantiscano democrazia, stato di diritto, diritti umani e il rispetto e la protezione delle minoranze».

5. *Fine della storia?*

Nel 1992, dopo il crollo dell'impero sovietico, un libro fu pubblicato incontrando consensi e critiche ma, comunque, con enorme successo internazionale. Sanciva quella che si considerava la vittoria definitiva della democrazia (la democrazia liberale) su ogni altra forma di governo finora escogitata: una sorta di «globalizzazione della democrazia» (Fukuyama, 1992). Sembravano conferme le «ondate democratiche» che stavano travolgendo regimi dispotici in Europa orientale, America Latina, Asia, Africa subsahariana. Vent'anni dopo, le «primavere arabe» in Nordafrica, sembravano a loro volta un'eloquente riprova di una inarrestabile tendenza. Guardandoci oggi d'intorno ci ravvediamo d'ogni idea millenarista: la democrazia c'è, non c'è, è stabile, è in pericolo, può arrivare e può sparire: in ogni caso è un frutto storico e la storia non si congela. Questa, sí, è una certezza, anzi forse è l'unica certezza. Tutte le opere umane sono caduche, e la democrazia è tra queste. Non c'è da illudersi. Per chi crede che la democrazia porti in sé un valore politico, e perciò, quando già esiste, meriti d'essere difesa e promossa, una cosa sola ragionevolmente può essere fatta: allontanarne, giorno per giorno, il momento della caduta. È un compito da castori. Si tratta di riparare, migliorare, contrastare il disfacimento. Castori contro tarli fino alla vittoria dei secondi.

I tarli hanno a proprio favore la legge generale della

corruzione dei regimi politici che già gli Antichi avevano intravisto, la giustezza della quale ha dalla sua fin troppe prove storiche. La dottrina piú rispettata delle forme di governo risale al Platone del *Politico* e all'Aristotele della *Politica*, dove la tripartizione classica è moltiplicata per due, a ogni forma di governo «pura» (monarchia, aristocrazia, democrazia o «politèia») affiancandosi quella «corrotta» (tirannide, oligarchia e oclocrazia o governo della folla). Molto tempo prima di loro, tuttavia, le basi della discussione, in sintesi, erano state poste da Erodoto (*Storie* III, 80-84) riportando i termini di un confronto tra tre saggi dell'Oriente. Il tema era l'ottima forma di governo, imposto dalla necessità di fare una scelta dopo l'abbattimento del dispotismo di Cambise e dei Magi. Otane consigliava di introdurre il governo del popolo, come precauzione contro i padroni assoluti che possono fare ciò che vogliono, senza rendere conto a nessuno. Anche l'uomo migliore del mondo, quando si sente onnipotente, perde il controllo di sé, perché è gonfio di orgoglio ed è roso dall'invidia. In democrazia, invece, vale l'uguaglianza di diritti, nessuno può compiere soprusi, alle cariche pubbliche ci si avvicenda e si è chiamati a rispondere del loro esercizio. «Nel molto – concludeva sentenziosamente – si trova ogni cosa». A questa visione idilliaca del governo di popolo, Megabizo opponeva la forza cieca, la *ybris*, del popolo ignorante che è mosso solo dalla forza del suo interesse momentaneo, «come un fiume impetuoso», proponendo invece di affidare il governo a un gruppo ristretto di uomini eccellenti, a una oligarchia. Dario, a sua volta, osservava che proprio tra gli uomini che si reputano migliori degli altri è naturale che sorgano accese rivalità, cui inevitabilmente seguono conflitti, sedizioni e stragi. Ciò dura finché il popolo, stanco, non si rivolge a un uomo chiamato a mettervi fine, per mezzo del potere assoluto. Il che mostra che il governo monarchico è il migliore di tutti.

Questo racconto è perfettamente circolare: da Otane si parte e a Otane si ritorna. È il ciclo delle forme di governo, mosso dalla corruzione alla quale ciascuna di esse è soggetta, come conseguenza della corruttibilità di coloro – massa popolare, oligarchi, monarchi – cui è affidato il potere. Quella memorabile discussione si concluse con la prevalenza dell'opzione monarchica, ma con tocco di somma e scettica ironia. Prevalse la monarchia, ma la scelta del re avvenne cosí: «allo spuntar del sole, nel sobborgo della città, quando tutti fossero montati in sella, colui il cui cavallo avesse per primo lanciato un nitrito, quello sarebbe stato re». Un criterio come un altro? Il re non doveva essere l'uomo migliore di tutti? Invece la scelta la fa il caso d'un cavallo che nitrisce per primo. È come dire che, sí, la monarchia è il migliore sistema di governo ma la sua condizione, cioè la virtú somma del re, è impossibile da stabilire. Cosí, tutto ritorna in gioco e si può ricominciare da capo ridiscutendo tutto quanto perché la condizione di una «ottima monarchia» è impossibile.

6. *Effimeri momenti di gloria.*

Il racconto che è stato cosí riassunto ha il fascino degli archetipi che ci richiamano alle cose semplici. Nella nostra voglia d'essere scrutatori sempre piú acuti della realtà e di fare meglio di chi ci ha preceduto, i nostri predecessori tendiamo a farli apparire come dei semplicioni. Con tutte le comprensibili variazioni sul tema susseguitesi nei secoli, il «pensiero tripartito» in tema di forme di governo è giunto fino a noi. Tuttavia, ora esso ci appare ingenuo, smentito dalla realtà dei reggimenti politici, tutti quanti, i quali hanno una comune, dura sostanza. Le forme di manifestazione di questa unica sostanza possono variare, ma sono sempre, per l'appunto, variazioni su un unico tema.

Le tre forme di governo classiche, dunque, sarebbero apparenze, esteriorità secondarie e fuorvianti. Continuare a prenderle per buone sostanze sarebbe come parlare di niente o di poco. Dietro ciascuna di esse, infatti, si nasconde un nucleo profondo di potere effettivo, la realtà del reggimento politico in ogni situazione, realtà sempre esistente e manifestantesi in mille forme. Leggiamo queste proposizioni che vengono da uno dei capiscuola delle *dottrine della élite* o *della classe politica*, Gaetano Mosca. «In tutte le società regolarmente costituite, nelle quali vi ha ciò che si dice un governo, noi oltre al [cioè al di là di] vedere che l'autorità di questo si esercita in nome dell'universo popolo, oppure di un'aristocrazia dominante, o di un unico sovrano [...] troviamo costantissimo un altro fatto: che i governanti, ossia quelli che hanno nelle mani ed esercitano i pubblici poteri, sono sempre una minoranza, e che, al di sotto di questi, vi è una classe numerosa di persone, le quali non partecipando mai *realmente* in alcun modo al governo, non fanno che subirlo; esse si possono chiamare i governati». Non siamo piú nel quadro tridimensionale delineato da Otane, Megabizo e Dario. In pratica, si conoscono solo oligarchie, del piú vario tipo, piú o meno ampie, piú o meno strutturate, piú o meno gerarchizzate e centralizzate: ma sempre e solo oligarchie. Questo è vero anche con riguardo alle forme di governo che sembrano a prima vista essere incompatibili con i piccoli numeri: per versi opposti, la monarchia e la democrazia. Quanto alla monarchia, non è nemmeno immaginabile un regime che si regga sul potere concentrato in un solo despota. Quello che appare come il monarca in realtà è sempre l'espressione di un gruppo organizzato che, in vario modo, lo sostiene e, contemporaneamente, lo tiene imbrigliato. Ma la stessa cosa, per ragioni opposte, è vera anche con riguardo alla democrazia. L'esperienza storica mostra che la democrazia, nella sua forma pura o pienamente realizzata, di fatto non esiste e non è mai esistita, se non in effimeri «momenti di gloria», come si esprime per paradosso Joseph de Maistre. Riprenderemo questo tema piú avanti.

Ora proseguiamo con la citazione di Mosca. «Il segreto di questa impostazione, dell'irresistibilità della azione [dei governanti], consiste in due proprietà indiscutibili della natura sociale dell'uomo. La prima è questa, che una superiorità d'indole suole alla lunga prevalere sulla superiorità del numero e della forza bruta; la seconda, anche piú importante e meno osservata della prima, consiste in ciò che una minoranza bene organizzata, la quale agisce coordinatamente, trionfa sempre sopra una maggioranza disorganizzata, che non abbia né volontà, né impulso, né azione comune». Questa minoranza è chiamata «classe politica» o «dirigente» e può essere unica o poliarchica, cioè compatta o formata da gruppi organizzati differenti e in competizione tra loro, secondo la visione di Vilfredo Pareto; può avere a base la ricchezza, la mitologia, la religione, la superstizione, la tradizione o qualunque altro elemento, come la psicologia sociale, da cui possa scaturire autorità morale o forza materiale; può essere piú o meno buona interprete di sentimenti nazionali, oppure può essere egoisticamente concentrata su interessi propri o corporativi; può essere cementificata o fluida e quindi aperta alla «circolazione delle élites»: un vastissimo e ricchissimo campo d'indagine di competenza della scienza politica applicata alle singole situazioni concrete. Non esiste una regola generale e neppure esistono tipologie fissate in concetti astratti. Piú che con «forme di governo» si deve sapere d'essere in presenza di costellazioni di potere varie e cangianti a seconda dei tempi, dei luoghi e dei caratteri delle società. Non hanno da essere *classificate*, ma devono essere *studiate* nelle loro specificità. Ciascuna corrisponde a una propria «formula politica». La formula politica non è un concetto classificatorio di tipo aristotelico, ma è «quel principio religioso o semplicemente morale, quell'insieme di sentimenti, di abitudini mentali e di convinzioni, che fornisce la base morale a tutte le grandi organizzazioni statali», senza corrispondenza a una qualche «verità effettiva» (Mosca, 1982).

L'inevitabilità di strutturarsi attorno a piccoli nuclei di potere, per le organizzazioni sociali di grandi numeri che vogliono esistere per durare nel tempo, è stata espressa con la celebre formula della «legge ferrea dell'oligarchia». L'autore è Roberto Michels: la sua visione della sociologia politica risulta da numerosi scritti a partire dall'inizio del Novecento ed è culminata nel libro del 1911 *La sociologia del partito politico nella democrazia moderna* in cui il tema dell'oligarchia è sviluppato a partire dalle vicende della socialdemocrazia in Europa. La vicenda personale di Michels è interessante. Pur essendo certamente uno dei maggiori studiosi dell'elitismo, il suo nome è oggi oscurato a causa della sua adesione al fascismo. Ciò avvenne precisamente in nome della sua avversione nei confronti delle tendenze antidemocratiche ch'egli osservava nei regimi liberali parlamentari. L'ideale era pur sempre la democrazia ed egli, prendendo un abbaglio, credette nel fascismo come antidoto a tali tendenze. Ma la sua fede nella democrazia come ideale è espressa nelle ultime pagine del libro appena citato che ricordiamo testualmente perché ci saranno utili: «Il fatto che l'oligarchia sia inevitabile non esime i democratici dalla necessità di combatterla. I vecchi compagni [parla della sua precedente militanza nella socialdemocrazia] divengono fatalmente dei leaders nel senso sociologico della parola. Ma lasciarli senza controllo e ritirarsi amareggiati da ogni attività politica significherebbe non solo arrecare danno al principio dell'organizzazione, senza il quale [...] non può affermarsi alcun gruppo sociale, e tanto meno quello che è finanziariamente piú debole, ma anche far crescere a dismisura la potenza dei capi stessi. Invece una visione chiara e netta dei pericoli dell'oligarchia, anche se non potrà eliminarli completamente, almeno potrà farli diminuire». Il passo citato prosegue con questa bellissima metafora: «Il compito del singolo dovrà essere dunque simile a quello di colui che ricevette dal padre morente l'indicazione di un tesoro sepolto; non il tesoro, che non si trova, ma il lavoro dedicato alla sua ricerca renderà fertile il campo. La ricerca della democrazia non produrrà frutti di altra natura».

7. *Democrazia e oligarchia.*

Tra democrazia e oligarchie c'è contraddizione? Sí e no. Detto in questo modo semplice e radicale, la risposta non può che essere sí, c'è contraddizione. La democrazia è il regime dei grandi numeri che opera in base al principio di maggioranza. L'oligarchia, al contrario, è il regime dei piccoli numeri che opera in base al principio minoritario. Questo è vero secondo i concetti. Secondo l'esperienza che i realisti tengono in gran conto, la verità è un'altra, piú complessa e difficile da districare. La democrazia, precisamente in quanto regime dei grandi numeri non può fare a meno di gruppi dirigenti, di «classe politica»; di «oligarchie» che dir si voglia. Dunque: incompatibili in teoria; necessari in pratica. E, dunque, che dire? Forse, si può dire cosí: la democrazia possibile è un regime di tensione tra due estremi: un popolo che, se è disorganizzato, si sbriciola; un gruppo dirigente che, se chiuso su sé stesso, diventa tiranno. Se la tensione si rompe da un lato, è caos; se si rompe dall'altro, è autoritarismo, dispotismo, dittatura: si chiami la cosa come si vuole.

Il tempo del fervore democratico è passato. La malleabilità del concetto all'epoca del trionfo sui totalitarismi d'un secolo fa ne consentiva varie aggettivazioni che potevano accontentare se non tutti, certo molti: democrazia liberale, popolare, sociale, socialista, progressiva, cristiana, araba, eccetera. Questo accadeva sebbene gli aggettivi introducessero nel contenitore formale differenze sostanziali profonde e aprissero il confronto tra democratici veri e falsi, cioè tra utilizzatori legittimi e abusivi. L'alone emotivo positivo circondava regimi che, tecnicamente, dagli uni e dagli altri si sarebbero dovuti definire dittatoriali, indifferentemente di destra o di sinistra. In seguito, si autoproclamarono al servizio della democrazia perfino i progetti di rovesciamento delle istituzioni democratiche costituzionali che negli anni successivi, anche in Italia, miravano a istituire governi autoritari: investitura di «capi» dotati di poteri senza controlli e contrappesi. Il tempo attuale della democrazia non è piú questo: se la parola democrazia è mantenuta in vita, essa viene aggettivata non per specificarla come era un tempo; non si tratta di specificazioni, ma di esplicite contraddizioni rispetto a qualcosa che fino a poco fa si considerava essenziale. La democrazia, a parte le sue innegabili difficoltà pratiche, ha perso molto della sua forza ideale. Chi, ancora, sarebbe pronto a morire per la democrazia, come avvenne allora per una generazione di giovani e meno giovani e come documentano potentemente le voci autentiche raccolte nelle lettere dei condannati a morte della resistenza in Italia e in Europa.

Le oneste elezioni, i liberi parlamenti, la competizione politica nel confronto plurale delle posizioni, la libera magistratura, la libera informazione, i liberi partiti e i sindacati erano i fondamenti della democrazia restaurata dopo i fascismi. Sono diventati nemici da sconfiggere o indebolire, non piú in nome della restaurazione di una qualche «vera», «sana» ed efficiente democrazia, contro le versioni «false», «malate» e inefficienti, ma in nome del nuovo «concetto idolatrico», la «governabilità», diffusosi in seguito al Rapporto della Commissione trilaterale *The Crisis of Democracy* del 1975. Non ci si sofferma abbastanza sul significato di questa parola e sul rovesciamento degli ideali della democrazia ch'essa comporta: dall'autogoverno del popolo al popolo che ha da essere governato: governabile non è colui che sa e può governarsi da sé, ma è colui che deve essere sottoposto a un governo efficace, perché da solo non è capace o perché gliene si nega la capacità. Si ripropone, in forme nuove e per ora attenuate, il conflitto che già si conobbe negli anni precedenti il fascismo, il quale si presentava come alternativa alla degenerazione democratica (Salvemini, 2007). La realtà è deludente e invalida l'ideale. Cosí la democrazia mostra il suo carattere camaleontico: democrazia autoritaria, democrazia illiberale, democrazia maggioritaria, democratura, democrazia populista; post-democrazia. Da ultimo è comparsa (anzi ri-comparsa) la democrazia di chi sa, degli esperti: la cosiddetta «epistocrazia», forma rinnovata del regime platonico dei filosofi, proposta come alternativa o come correttivo dell'ignoranza delle masse e dei suoi capi. Sono tutte espressioni, talora descrittive o talaltra prescrittive e correttive della democrazia «cosí com'è».

Osserviamo, in questo panorama multiforme, un dato condiviso: il carattere elitario di tutte queste forme di dominio. La massa, i cittadini comuni ne sono esclusi come soggetti attivi e compaiono come soggetti passivi, cioè come nuovi sudditi. La contraddizione con la democrazia è evidente in tutti i casi. Anche la cosiddetta «mediocrazia», cioè il governo della mediocrità e del numero senza qualità – caratteri che i nemici della democrazia sottolineano costantemente – ha sempre bisogno di un potere conformativo che ugualizza coloro che, in assenza, potrebbero essere diversi per ideali, ideologie, passioni, eccetera. La società di massa è forse, tra quelle nocive, la piú ostile e insidiosa, perché mascherata da iper-democrazia. In tutti questi casi, le oligarchie, pur necessarie alle democrazie, ne sono la negazione. Dunque, la risposta alla domanda posta all'inizio di questo paragrafo – tra democrazia e oligarchie c'è contraddizione? – è sí, c'è contraddizione.

8. *Camaleontismo.*

Accade perfino che la democrazia subisca una metamorfosi contro la sua natura e la sua funzione politica. Non solo concettualmente, ma anche storicamente, democrazia è stata parola d'ordine degli esclusi che chiedono di partecipare al potere, dei deboli che chiedono diritti nei confronti dei potenti. Oggi, accade talora il contrario, a riprova dell'ambiguità di molti (se non tutti) concetti della politica che cambiano colore a seconda che li si veda dal punto di vista di chi sta in alto o in basso nelle strutture sociali. Quando è aperta la lotta per una democrazia che non c'è (ancora), è il caso indicato per primo: è parola d'ordine degli inermi. Quando la democrazia c'è e, come si usa dire, è «matura» o consolidata, è il caso indicato per secondo: democrazia al rovescio.

Quando passa dai deboli ai potenti, la democrazia diventa un involucro ingannevole. Non contiene piú le ragioni dei deboli, ma quelle dei forti. Sono innumerevoli i casi in cui si dice: ho vinto le elezioni, dunque posso ciò che voglio: questa è democrazia! Posso occupare le istituzioni, posso usarne la forza come voglio, posso imporre ciò che serve a me, ai miei interessi e a quelli dei miei sostenitori. Come denunciano coloro che guardano la realtà effettuale senza fermarsi alle apparenze autocelebrative, perfino istituzioni-chiave della democrazia, come i parlamenti, possono rovesciarsi da luoghi di rappresentanza delle ragioni dei deboli in strumenti piú o meno efficaci di demagogia plutocratica nelle mani di speculatori abili nel «combinare» i loro interessi. «Fatevene una ragione» è l'arrogante espressione che sempre piú spesso si sente uscire dalla bocca di coloro che della democrazia si servono per alimentare la propria potenza, la propria ricchezza, i propri privilegi. Democrazia, oltre che parola di rivendicazione, dovrebbe essere «parola di resistenza» (Revelli, 2010, pp. 146 sgg.) «Farsene una ragione», invece, è espressione di rassegnazione: il contrario della democrazia.

Negli strati sociali dove si vive nell'impotenza sempre meno si pronuncia la parola democrazia. Se la si pronuncia, è con un certo pudore, perfino con fastidio. È diventata una parola sospetta perché è diffusa la sensazione, se non il convincimento razionale, ch'essa appartenga ormai al lessico di un'altra classe sociale. Il linguaggio è una spia. Piuttosto che di democrazia, si parla di diritti violati e rivendicati, di giustizia negletta e invocata. Come è stata possibile questa metamorfosi che sta invalidando uno dei valori della nostra civiltà costituzionale conquistati con sofferenze e sacrifici dei tanti che ci hanno creduto fino in fondo? La risposta è semplice e inquietante al tempo stesso: la democrazia vive di un presupposto: l'esistenza presso di te di un potere che tu possa organizzare in un modo o in un altro e, nella specie, «democraticamente». Ma se questa premessa viene a mancare perché il potere è svanito nel puro caos, oppure si è trasferito altrove ed è nelle mani di altre «potenze», si può parlare di democrazia, come se ne parla nelle utopie, nei romanzi di fantasia o, peggio, nelle finzioni che si vogliono spacciare per verità. Hanno molta piú presa i discorsi sulle nuove «crazie» in cui le democrazie si sono metamorfizzate: per esempio, finanz-crazia, tecnocrazia, cybercrazia, burocrazia, plutocrazia, cleptocrazia, massmediacrazia, videocrazia, teatrocrazia, socialmediacrazia, cachistocrazia, fino alle piú blande *managed democracy* e «democrazia decidente», cioè fornita di «decisore». Sono tutte forme della fuga dalla democrazia. Non è piú questione di camaleontismo d'una forma di governo che deve adeguarsi alle condizioni entro le quali si trova a operare. Non è neppure l'accentuazione dei suoi elementi oligarchici. È un cambio di natura, un mutamento genetico.

9. *Stanchezze democratiche.*

La democrazia non è un dono che viene dal cielo. Essa, per affermarsi, deve combattere perché è una sottrazione di potere necessaria per poterlo distribuire. Nel corso della storia, queste battaglie, nel lungo o anche breve periodo, sono sempre state perdenti. La democrazia è dunque un'eccezione storica. Le sue basi sono fragili perché essa non solo è insidiata da oligarchi d'ogni genere, ma anche perché l'organizzazione delle società dei grandi numeri ha comunque bisogno dei piccoli numeri. Potremmo dare torto a quel de Maistre, critico della Rivoluzione francese che abbiamo già incontrato, quando scrive che l'esperienza storica di quattro milioni di anni mostra che la democrazia, nella sua forma totale e radicale come autodeterminazione – per esempio la democrazia *à la Rousseau*: una «forma d'associazione [...] attraverso la quale ognuno, unendosi a tutti, non obbedisca tuttavia che a se stesso e rimanga libero tanto quanto lo era prima» (*Contratto sociale*, libro I, cap. VI) – di fatto non esiste, non è mai esistita e mai esisterà, se non in effimeri «momenti di gloria»? Tali momenti sono quelli iniziali, quando la violenza popolare abbatte le strutture gerarchiche del passato. Sono momenti negativi e distruttivi, non positivi o costruttivi. Sono perciò effimeri e i critici della democrazia non mancano di argomenti, storia alla mano, per avvertire che, come diceva de Maistre, «in generale, ogni governo democratico non è che una fugace meteora il cui fulgore esclude qualsiasi durata». È un momento fugace di ebbrezza che genera distruzione e rischia di doversi poi pagare caro con lunghi periodi di servaggio piú o meno cruenti.

I momenti rivoluzionari sono quelli in cui questo carattere della democrazia è all'opera, per cosí dire, con la massima concentrazione della sua potenza distruttiva. I «poteri costituiti» devono essere distribuiti e, a questo fine, devono essere prima di tutto sottratti ai precedenti possessori. Ma, una volta «instaurata la democrazia» – qualunque cosa questa espressione voglia dire – non è da credersi che tutto sia fatto e fatto durevolmente. La democrazia, lo si è visto, cova al suo interno aggregazioni di potere oligarchico, sempre. E, perciò, sempre è presente la possibilità che il governo dei pochi per i molti, sia pure sotto le apparenze dei riti e delle forme democratiche, si rovesci in governo dei pochi per i pochi o, addirittura, dei molti per i pochi. I molti che si agitano nell'interesse dei pochi, credendo che l'interesse sia il proprio, è il capolavoro della demagogia e del populismo.

Ecco perché la democrazia è sempre a rischio e il rischio, prima di tutto, le è connaturato. L'involuzione oligarchica è come un batterio che ogni democrazia porta in sé stessa, come le potenziali endogene infezioni sono presenti in ogni organismo vivente. Se l'organismo è forte, restano sotto controllo. Se l'organismo è stanco, depresso e privo di resistenza, si manifestano nel malessere, nella malattia e perfino nella morte.

Fuor di metafora, la democrazia che vuole durare deve essere sempre all'erta; deve saper cogliere i sintomi, anche i piú piccoli, da cui possa dedursi che la malattia è in cammino. È manifestazione d'irresponsabilità la trascuratezza verso i segni, piccoli in apparenza, ma rivelatori di alterazioni che covano nel profondo, possono espandersi e minare l'organismo, soprattutto se sommati ad altri. Cosí, una costituzione democratica sana dovrebbe dotarsi di una acuta sensibilità ai pericoli ed essere intransigente.

La stanchezza della democrazia si manifesta nelle piccole dimensioni della vita quotidiana con i «poi passa», il «è cosa da poco», «la democrazia è forte», «poi si vedrà», «che volete che sia?», eccetera, di fronte a intolleranze, soprusi, violenze declassate a ragazzate e innocue impertinenze. La degenerazione della democrazia inizia con l'apatia e l'assuefazione a queste piccole viltà che non facilmente si riconoscono come tarli della democrazia, e che preparano il terreno alla disponibilità a ben altre rinunce nella grande dimensione della vita politica.

La grande rinuncia è a capirne qualcosa, per non essere disturbati nella propria santa o pigra ignoranza.

10. *Oscurità e cecità*.

Con l'espressione «promesse non mantenute» Norberto Bobbio ha indicato alcune inadeguatezze o contraddizioni della «democrazia reale» rispetto alla «democrazia ideale», cioè alle virtú politiche da cui essa sarebbe lecito attendersi che si circondasse (Bobbio, 2014): la rivincita degli interessi particolari, cioè egoistici, sulle visioni politiche della società nel suo insieme; gli «spazi limitati», impermeabili alla democrazia, in cui tuttavia si esercita potere; il potere invisibile; l'individuo non educato alla cittadinanza; il governo dei tecnici unito alla crescita degli apparati burocratici; lo scarso rendimento o inefficienza rispetto alle decisioni di governo. Tra le «promesse» contraddette dall'esperienza o dalla «rozza materia» c'è la «persistenza delle oligarchie».

L'espressione «promesse non mantenute» è efficace, ma può essere fuorviante in quanto personificazione di qualcosa che non è un «essere» che c'è, promette, sfugge, si nasconde e inganna gli esseri umani; quando, invece, è un valore che è (o non è) integralmente incarnato da coloro che alla democrazia fanno riferimento. Se, la democrazia, non la vediamo o la vediamo appannata, il difetto non è nella democrazia ma nei suoi difetti. Piú precisamente, il difetto viene non dalla democrazia ma dalle prepotenze dei suoi nemici e dalle insufficienze dei suoi amici.

A ben vedere, tutte le promesse non mantenute confluiscono in questo duplice fallimento: i detentori di poteri si sottraggono allo sguardo di chi li subisce e questi non sono in grado di penetrare questa sottrazione. Gli spazi limitati sono tali in quanto nascondono i poteri che vi si celano, interessi particolari si travestono da generali. Gli individui ineducati alla cittadinanza non vedono oltre il cerchio del proprio egoismo. La tecnica e la burocrazia si celano dietro la loro pretesa neutralità. L'inefficienza è, a sua volta, strumentale al potere che ne fa mostra per invocare sempre piú potere. Le oligarchie possono «persistere» tanto meglio quanto meno sono esposte alla pubblicità, tanto piú quanto si nascondono nel segreto, oppure tanto piú alimentano il confuso sentimento di poteri che esistono, sono potenti, ma sono conoscibili solo da sé stessi, rispetto ai quali i singoli individui sono, per cosí dire, «spiazzati». Tutti questi limiti o degenerazioni della democrazia possono dunque riassumersi in queste due parole simmetriche: oscurità e cecità.

Dire oscurità significa occultamento o, peggio ancora, travisamento. La trasparenza dei luoghi del potere è condizione della democrazia. I segreti di Stato sono prerogative dell'autocrazia. Ma i luoghi oscuri sono tanti, piú di quelli che si vedono precisamente perché sono oscuri, non necessariamente coperti dal segreto stretto come accade in certi luoghi delle massonerie d'ogni genere, nei luoghi di coordinamento e di decisione delle organizzazioni criminali. Sono oscuri, se non segreti nel senso giuridico, anche i luoghi confidenziali e strategici delle élite, spesso in combutta, che condizionano i tre settori del dominio, la politica, la finanza e l'ideologia. A questi luoghi si accede non per concorso ma per cooptazione e fidelizzazione. Pur privi di potere formale, essi influiscono su quella che un tempo era la sovranità degli Stati: la Mont Pélerin Society, cui si deve in grande misura la svolta neoliberista del mondo occidentale (Gallino, 2011), il club Bilderberg, la Commissione trilaterale o il Gruppo dei trenta, tutte aggregazioni di potere che riuniscono uomini della politica, della finanza, studiosi e giornalisti capaci di orientare le decisioni dei governi e le opinioni pubbliche dei Paesi appartenenti al mondo globalizzato. Esse hanno finora cospirato (etimologicamente: respirato insieme) nel senso della libertà di mercato e della libera circolazione della finanza e, perfino, della riforma delle istituzioni politiche «troppo democratiche». Cosí il famoso memorandum degli «analisti» della banca d'affari JP Morgan (23 maggio 2013) che ha almeno il pregio della sfrontatezza (mentre talora si avanzano proposte del medesimo segno come semplici tecniche costituzionali efficientistiche): «I sistemi politici della periferia meridionale dell'Europa sono stati instaurati in seguito alla caduta di dittature e sono rimasti segnati da quella esperienza. Le costituzioni mostrano una forte influenza delle idee socialiste, e in ciò riflettono la grande forza politica raggiunta dai partiti di sinistra dopo la sconfitta del fascismo. Questi sistemi politici e costituzionali del Sud presentano tipicamente le seguenti caratteristiche: esecutivi deboli nei confronti dei parlamenti; governi centrali deboli nei confronti delle regioni; tutele costituzionali dei diritti dei lavoratori [...], licenza di protestare se vengono proposte modifiche sgradite dello *status quo*. La crisi ha illustrato a quali conseguenze portino queste caratteristiche. I Paesi della periferia hanno ottenuto successi solo parziali nel seguire percorsi di riforme economiche e fiscali, e abbiamo visto esecutivi limitati nella loro azione dalle costituzioni (Portogallo), dalle autorità locali (Spagna), e dalla crescita di partiti populisti (Italia e Grecia)».

Non si tratta solo di questo. Che cosa sanno i cittadini delle ricerche in laboratorio e delle sperimentazioni pratiche in tema di manipolazioni genetiche, di innovazioni nel settore degli armamenti tradizionali, dell'uso bellico della chimica e della batteriologia? Oggi, della robotica, dell'intelligenza artificiale e della comunicazione virtuale? Eppure, proprio dalle attività in questi settori dipenderà molto della vita (o della morte) nostra e delle prossime generazioni dei viventi. La potenza delle forze che operano in questi settori è intimamente conseguente alla possibilità di operare in luoghi protetti dalle intrusioni degli estranei. I possibili confronti sulla natura di questi poteri di fatto, sulla direzione delle loro ricerche e sperimentazioni, sulle collusioni con i poteri politici da cui dipendono i finanziamenti, la pretesa di controllare il libero sviluppo della ricerca scientifica e della tecnica: in breve, la pretesa di sottoporre tutto ciò all'attenzione e al dibattito dell'opinione pubblica democratica è, evidentemente, tanto piú necessaria quanto piú è ostacolata. La democrazia è il «potere pubblico in pubblico», si dice nello scritto di Bobbio citato all'inizio di questo paragrafo. Già quando si tratta del potere delle pubbliche istituzioni, la trasparenza è un arduo compito. Conosciamo la sorte della *Glasnost* di Mikhail Gorbačëv. Peggio ancora, quando si tratta di soggetti privati che, in quanto tali, possono invocare i diritti della privacy anche se svolgono attività sull'esistenza delle persone anche piú incisive di quelle delle istituzioni pubbliche.

All'oscurità del potere corrisponde la cecità delle masse che ne sono destinatarie o vittime. La distanza può essere colmata soltanto potenziando le conoscenze, in una rincorsa che tuttavia sempre deve rinnovarsi, in un mondo accelerato da un lato e ritardato dall'altro. Le conoscenze a disposizione delle persone comuni sono enormemente sproporzionate rispetto a quelle dei depositari dei diversi e numerosi poteri. La vita delle masse è condizionata da questi ultimi, tanto piú che le conoscenze, i cosiddetti saperi, sono sempre piú specialistici, mentre la democrazia dovrebbe potersi alimentare su una conoscenza universalistica di tipo integralmente umanistico. Tuttavia, la diffusione delle conoscenze e della cultura è l'unica via per contrastare la massificazione e la perdita di autonomia delle società odierne. La scuola ne è lo strumento. Non che nelle società classiste non esistano conoscenze e culture, ma esse sono distribuite diversamente dall'alto al basso della stratificazione. È ben nota la lezione di un celebre pedagogo che si è speso a favore degli umili, don Lorenzo Milani: comanda chi conosce piú parole, cioè piú cose ch'egli sa nominare. Il dialogo, per essere tale, deve essere paritario. Se uno solo sa parlare, o conosce la parola meglio di altri, la vittoria non andrà all'argomento migliore, ma alla persona piú abile con le parole, come al tempo dei sofisti che allenavano i propri allievi a sostenere nei loro «discorsi duplici» (i *dissòi logoi*) tanto una tesi quanto quella contraria, con uguale efficacia. La democrazia esige dunque una certa uguaglianza, per cosí dire, nella distribuzione delle parole, cioè a dire nelle conoscenze veritiere che si è capaci di versare nel grande calderone del discorso pubblico. «È solo la lingua che fa uguali. Eguale è chi sa esprimersi e intende l'espressione altrui. Che sia ricco o povero importa di meno» (*Lettera a una professoressa*, 1967). Ecco perché una scuola egualitaria e aperta a tutti è condizione di democrazia.

Si potrebbe calcolare il grado o il degrado della democrazia misurando la diffusione quantitativa della scolarizzazione e la qualità delle conoscenze impartite dalla scuola. Con Roberto Michels: l'accessibilità alle fonti della conoscenza a un numero sempre maggiore di individui è condizione di «libero esame», cioè di democrazia: «Maggiore cultura significa maggiore spirito critico, e ciò ci è confermato dal fatto che i leaders dei ricchi esercitano sui loro compagni di classe un'autorità meno illimitata di quella esercitata dai leaders dei poveri i quali, considerati come massa, sono completamente indifesi di fronte ai propri capi: questo avviene perché la loro scarsa preparazione culturale e intellettuale non consente loro di giudicare con precisione i loro capi e di valutare in anticipo la portata delle azioni di questi. Il compito principale di indebolire il piú possibile le tendenze oligarchiche [...] rientra nell'ambito della pedagogia sociale» (Michels, 2022).

11. *Forma, sostanza e debolezza.*

Una delle discussioni che piú hanno impegnato gli scienziati politici negli ultimi tempi riguarda la forma e la sostanza della democrazia e il loro reciproco rapporto (Bobbio, 2009, p. 1077). I formalisti accusano i sostanzialisti di mettere nel concetto di democrazia troppe cose; i sostanzialisti accusano i formalisti di metterci troppo poche cose.

Certamente, la democrazia è un insieme di procedure. Sarebbe, però, erroneo considerarle freddi adempimenti formali di poco valore, al punto che li si possa accantonare in vista di preminenti obiettivi di sostanza. Come sapevano coloro che per duecento anni si sono battuti per l'uguale diritto di voto di tutti gli uomini e di tutte le donne; come sanno i sopravvissuti alle politiche di apartheid che, emozionati, si avviano per la prima volta al seggio elettorale (Tutu, 2001); come sanno le vittime delle dittature che, come prima cosa, aboliscono le elezioni, o *le libere e oneste* elezioni; come sanno i popoli vittime dell'epoca coloniale che ottengono per la prima volta il diritto di eleggere i propri rappresentanti: come sanno tutti costoro, il nucleo anche solo iniziale della democrazia – il voto – è una procedura, ma non solo: è una procedura che alla sua base ha un valore di cui non si saprebbe esagerare l'importanza. Tuttavia, le mere procedure e, tra queste, anche quelle elettorali, non dànno assicurazioni circa la qualità dell'applicazione delle procedure. La democrazia solo procedurale o formale è soddisfacente dal punto di vista della giustizia e del buon governo? Se non lo è, perché mai ci si dovrebbe dire democratici? A chi vive nell'indigenza, nell'oppressione, nell'emarginazione senza speranza, che cosa importa della democrazia?

La discussione circa «la sostanza nella democrazia» ha solo questo significato: che non ci bastano le procedure, che siamo preoccupati dell'uso che se ne possa fare; che occorrono garanzie; che vogliamo non solo procedure, ma anche contenuti. I contenuti, piú o meno, sono quelli accennati in precedenza, nelle discussioni del già citato *Simposio internazionale* promosso dall'Unesco. In sintesi: uguaglianza e giustizia, diritti umani e tolleranza, libertà e pace. Ora, si deve osservare un carattere sconcertante e piuttosto scoraggiante della democrazia: questi beni della vita delle società sono condizioni *a priori* della democrazia, in assenza dei quali essa è senza valore, è una semplice tecnica di governo equivalente ad altre, anche piú efficienti. Ma, al tempo stesso, ciò che deve esistere *a priori* deve realizzarsi *a posteriori*. Se la democrazia non «produce» uguaglianza e giustizia, diritti umani e tolleranza, libertà e pace, invalida le sue premesse. Si chiude in un circolo che può essere virtuoso oppure vizioso senza che sia possibile invocare a garanzia qualche forza esterna al circolo. In breve, si potrebbe dire cosí: per essere forte, la democrazia ha bisogno degli effetti della sua forza. È un salto nel vuoto. Non è cosí per nessuna altra forma di governo autocratica, poiché l'autocrate può invocare il sussidio della forza per difendere e rafforzare la propria autocrazia e non ha nessuna remora nel fondare la legittimità della sua forza in qualche *a priori* metafisico. La democrazia no. Essa si regge o crolla per consenso o per dissenso: due forze «interne» che non possono provenire da nessun «altrove». Questa è la sua intrinseca fragilità che trova forse conferma nel fatto della sua eccezionale e fugace apparizione nella storia dei popoli e nel suo facile tramonto sotto i colpi delle autocrazie sempre rinascenti e vincenti.

Le considerazioni che precedono spiegano il tentativo di cercare altrove, cioè fuori del circolo anzidetto, una garanzia che la democrazia non può darsi da sé. La democrazia si basa sulle virtú politiche degli esseri umani «in libertà», ma la libertà è fragile e rischiosa. Basterebbe ricordare in proposito il grande racconto dostoevskijano *Il Grande Inquisitore* che contiene l'atto d'accusa al Cristo per avere portato nel mondo un fardello che gli esseri umani sono troppo fragili per poterlo sopportare. Lo Stato democratico «secolarizzato», cioè privo di agganci e fondamenti metafisici, «vive di presupposti che esso stesso non è in grado di garantire. Questo è il grande rischio ch'esso si è assunto per amore della libertà». Libertà e secolarizzazione: qui si troverebbe condensata la ragione di un deficit di «forze che tengono unito il mondo», che «creano vincolo» sociale, senza le quali lo Stato e la società sarebbero appoggiati sul nulla. Da qui l'esigenza della religione, di «una religione» che viene prima della libertà, necessaria per «rianimare» le nostre democrazie che «amando la libertà» ne sono consumate, estenuate (Böckenförde, 2007, p. 53). Tuttavia questo tentativo di rianimare la democrazia esausta, attraverso una riproposizione della religione nella sua funzione civile o politica, si scontra con la contraddizione: per aiutare la democrazia non si può negarne il presupposto, cioè la libertà. Non si possono invocare principî e poteri trascendenti. Chi vuole trascendenza deve rivolgersi alle autocrazie (Kelsen, 1984).

12. *Cascata o fonte.*

La democrazia è dunque un regime dell'immanenza. Deve trovare le sue proprie ragioni nel lavorio quotidiano di chi sa che nulla è dato e, tantomeno, è dato per sempre. Sa che le regole della convivenza non stanno in testi sacri, in rivelazioni divine, in verità di ragione o di natura necessarie. La giustizia non ci guarda dall'alto ma siamo noi che la cerchiamo dal basso, con i limiti e le difficoltà della precaria condizione di esseri umani. Questo vale sempre, quando si tratta delle regole della convivenza, principalmente delle regole giuridiche.

Quale idea abbiamo del diritto e, innanzitutto, quale idea ne hanno i nostri governanti, i nostri legislatori? Probabilmente questa: l'insieme delle leggi che provengono da chi dispone del potere di mettere per iscritto la propria volontà e, quindi, di imporla a tutti, innanzitutto ai recalcitranti. Non è vero che, piú o meno, questa è l'idea, non particolarmente sofisticata, ma corrente e, quindi, efficace? Le ovvietà, però, sono tali fino a quando non se ne mettono in discussione le premesse e le conseguenze. Allora nascono i «distinguo», le perplessità, le domande.

Il diritto alla stregua di quell'idea finisce per essere una specie di ragnatela di leggi distesa sulla società: il legislatore, come il ragno che tesse la tela; i singoli, come le mosche che devono badare a non incapparvi (salvo poi dover constatare, con l'ironia della sapienza antica, che la ragnatela trattiene la mosca, ma il moscone ci fa un bucone). È un'immagine squallida e, soprattutto, inadeguata al diritto di una società libera.

Decisivo è il punto di origine. Una cosa è assumere il potere delle autocrazie o la libertà delle democrazie. Le visioni che, consapevolmente o inconsapevolmente, si hanno del diritto come ragnatela vengono tutte da epoche autoritarie. Vengono dallo Stato assoluto in cui un «sovrano», sia esso un re o una assemblea elettiva, si riteneva *a priori* depositario del criterio del giusto e dell'ingiusto, del lecito e dell'illecito e tutti dovevano sottostare. La sintesi migliore di questo modo di pensare può essere il detto di Blaise Pascal secondo cui alla legge si ubbidisce non perché è giusta, ma perché è legge. Bastava la parola. Il diritto nasceva da un moto a cascata e si ordinava gerarchicamente per gradini discendenti, da una norma suprema che conferisce a qualcuno il diritto di legiferare, fino al decreto del governo, al provvedimento del prefetto, alla sentenza del giudice, all'ingiunzione dell'ufficiale giudiziario e alle manette del carabiniere. In questa piramide discendente dal potere consiste l'assolutismo legislativo. I giuristi sanno che questa idea della legge che cala dall'alto ha trovato la sua piú perfetta teorizzazione nella dottrina del diritto che si sviluppa per gradi gerarchici discendenti. È stata battezzata «dottrina pura» del diritto, come se solo questa visione possa fregiarsi di quel titolo onorifico, la purezza, per l'appunto.

L'assolutismo legislativo è tale indipendentemente da chi è il sovrano legislatore. Non solo il despota, ma anche il popolo riunito in assemblea attraverso i propri rappresentanti oppure direttamente con referendum e plebisciti. Non sono, naturalmente, differenze irrilevanti ma non riguardano la natura della legge e il rapporto che, attraverso la legge e la sua forza, la «forza di legge», s'instaura tra chi dispone del potere e chi gli è sottoposto, coloro che ancora oggi insegniamo ai nostri studenti essere *subditi legum*. Altrettanto ovvio è che esista una differenza tra una condizione in cui la forza di legge possa imporsi sempre e comunque e una condizione come quella per la quale ha lavorato per secoli il costituzionalismo creando reti di sicurezza contro gli abusi, cioè controlli, bilanciamenti, separazioni dei poteri, corti costituzionali, garanzie dei diritti. Tutte queste escogitazioni testimoniano la consapevolezza di pericoli autocratici sempre incombenti, mai definitivamente sconfitti, neppure in presenza di governanti e legislatori eletti dai cittadini.

La legge può trovare la sua forza non necessariamente nel potere, ma anche nella libertà. Esistono dunque due possibili, opposte, concezioni della legge. Il fatto che questa seconda non sia (ancora?) penetrata nelle idee comuni è forse l'effetto della vischiosità dei concetti e delle credenze. Spesso i residui di concezioni d'un tempo passato servono a giustificare la perduranza di precedenti strutture di potere, sotto forme esteriori nuove.

La concezione della legge come figlia del potere è una di queste vischiosità. Essa ha oscurato l'altra possibile concezione, la legge figlia della libertà. C'è una frase di Cicerone citata di frequente in cui compaiono le parole «servi» (o «sudditi») e la parola «libertà»: «*servi legum sumus ut liberi esse possimus*». Se la ricordiamo è per mettere in chiaro non solo l'opposizione tra servi e liberi, ma anche gli equivoci che possono generarsi quando compaiono queste parole nei discorsi politici. Quell'*ut* – affinché – nell'espressione citata è una paroletta-chiave: la soggezione alla legge è condizione di libertà se, a sua volta, proviene dalla libertà. Diciamo cosí: siamo servi della legge affinché possiamo essere liberi. Il fine è la libertà e, quindi, se la legge non serve alla libertà non c'è ragione di esserne servi. Questa è la concezione libertaria della legge che può trarsi da quella celebre formula che, invece, è normalmente interpretata in modo opposto: fuori della soggezione alla legge non c'è libertà. Ciò può comprendersi considerando che l'anarchia è il regno della forza, dunque non della libertà. Ma, se la legge è la codificazione della forza di un autocrate, possiamo dire sensatamente che ci si deve assoggettare per essere liberi?

A questo punto è necessaria una precisazione. La distinzione, anzi contrapposizione, tra il potere e la libertà come fondamento della legge non ha a che vedere con il contenuto piú o meno apprezzabile della legge stessa. Il potere può essere illuminato o oscurantista, e, paradossalmente, può addirittura servire per imporre la libertà, come disse Robespierre quando rivendicava il diritto al «dispotismo della libertà» e vietare la *servitú volontaria* (come quella delle carmelitane di clausura di Compiègnes di cui ha scritto Georges Bernanos nei *Dialoghi delle Carmelitane*). La stessa cosa vale per la libertà che può esercitarsi in vista dei fini piú diversi, nobili o ignobili e, addirittura, per rinunciare a sé stessa e consegnarsi nelle mani delle piú feroci dittature. Sí, la libertà non è garanzia della libertà, come la storia anche quella vicina a noi insegna e, forse, di nuovo insegnerà nel prossimo futuro. La differenza non è nei contenuti: è nelle responsabilità. Della legge fondata sul potere, i senza-potere non portano responsabilità; della legge fondata sulla libertà, tutti, invece, sono responsabili per la propria parte, per quanto piccola sia.

Che cosa significa legge figlia della libertà?

La legge del potere procede «a cascata»; la legge della libertà procede come da una fonte. La parola chiave, forse logorata da un uso piuttosto dolciastro, tuttavia assai impegnativa, è «partecipazione». La partecipazione è la fonte della legge figlia della libertà.

La partecipazione (dei cittadini) non è conciliabile con

la «investitura» di qualcuno, cioè è incompatibile con l'appropriazione, come cosa propria, di funzioni separate da coloro che li rappresentano. Anche l'investitura attraverso libere elezioni non ne fa degli «eletti», nel senso etimologico di divisi, innalzati, esaltati al di sopra della moltitudine degli altri. Non sono «gli eletti» nel senso di appartenenti a un «genere» superiore, a una «classe» diversa. Dove regna la libertà non esistono «eletti» che possano pretendere dagli altri di «consegnarsi». Chi dispone della «forza della legge» non è un padrone, ma solo un gestore delle altrui libertà. Gli si richiedono virtú politiche come la modestia, l'attitudine all'ascolto, la partecipazione alla vita delle persone comuni, il disgusto verso i privilegi, innanzitutto i propri. Non è un padrone: la «cosa» – cioè la convivenza – non è in suo potere, ma nella altrui libertà. I governanti sono come i raccoglitori del prodotto dell'esercizio delle libertà sociali. I produttori sono i singoli, le loro associazioni, i sindacati, i partiti politici. Se i rappresentanti sono i raccoglitori, la legge, per cosí dire, è il cestino della raccolta.

La differenza tra la legge figlia del potere e la legge figlia della libertà è netta in teoria. In pratica, si tratta di due poli politico-concettuali, tra i quali ci possono essere equilibri diversi tra l'uno e l'altro. Non c'è da sorprendersi: è l'eterna lotta tra coloro che amano il potere e diffidano della libertà e coloro che, viceversa, amano la libertà e diffidano del potere. Bisogna sapere qual è la posta in gioco e orientare i propri comportamenti secondo la propria visione del vivere comune.

Le forme e le riforme costituzionali non si sottraggono a tal genere di giudizi. Nessuna è neutra; nessuna è puramente tecnica; nessuna è solo efficientistica. Chi dice cosí, è un mistificatore. Chi è a favore della legge del potere è interessato al cattivo funzionamento della legge della libertà e delle sue istituzioni perché può valorizzarlo come argomento a proprio favore: tanto peggio l'una, tanto meglio per l'altra. Cosí, se le istituzioni della libertà funzionano male, è anche perché qualcuno vuole che sia o sembri cosí. In molti discorsi sulle riforme costituzionali che pendono verso il rafforzamento del potere c'è cattiva coscienza che genera una sgradevole sensazione d'impostura.

13. *Tre argomenti a favore della democrazia.*

Ogni tipo di governo presuppone una «molla» che lo fa funzionare. A sua volta essa, per funzionare, ha bisogno di tipi umani congeniali. Ne parla Montesquieu nel libro III dello *Spirito delle leggi*, osservando saggiamente che non occorre particolare probità per conservare o tenere in piedi un governo monarchico o dispotico, bastando, nel primo, il comando e, nel secondo, la violenza. Non c'è bisogno d'altro per tenere a bada i sudditi. Ma in democrazia «occorre una molla (*ressort*) in piú», e Montesquieu parla di «virtú» che deve essere distribuita in generale. Infatti, se solo alcuni e non altri sono predisposti alla virtú democratica, sarà inevitabile un destino ineguale: alcuni comanderanno, altri subiranno e la democrazia sarà perduta. Che cosa sia la virtú democratica è cosa complessa: competenza nelle cose da trattare, tolleranza, disponibilità al dialogo e all'accettazione dei propri errori, subordinazione dell'interesse particolare a quello generale, eccetera. In democrazia queste virtú particolari sono riconosciute a tutti perché si presuppone che tutti potenzialmente ne siano degni. Nel *Protagora* (321-322), Platone narra di come Prometeo, che aveva distribuito agli esseri viventi, per conto degli dèi, tutte le facoltà necessarie per una vita buona, si accorse che mancava la *eubouliá*, l'assennatezza nelle deliberazioni comuni. Perciò gli uomini, messisi insieme, si dividevano, si combattevano e, alla fine, morivano. «Ora Zeus, temendo l'estinzione della nostra stirpe, manda Ermes a portare tra gli uomini rispetto e giustizia, affinché siano ornamenti, vincoli che propiziavano l'amicizia». Ermes interroga Zeus in che misura dignità (*aidòs*) e giustizia (*díke*) si debbano distribuire tra gli uomini. «Debb'io distribuirle come furono distribuite le arti? Uno solo che possiede la medicina basta a molti che non la possiedono; e cosí anche per le altre arti: devo io dunque dividere allo stesso modo giustizia e dignità tra gli uomini, o distribuirla tra tutti?» «Tra tutti – rispose Zeus – e che tutti ne abbiano parte, perché non potrebbero esistere le città, se ne partecipassero pochi, come avviene per le altre arti». Tutti, dunque, partecipano a buon diritto alla vita della città. Ma chi si sottraesse alla virtú e alla giustizia – aggiunge Zeus – «in mio nome sia ammazzato come peste della città». La città, per Platone, è un tutto organico che non ammette contraddizioni interne. Aristotele (*Politica* III 1281b) dice qualcosa di diverso, insistendo sull'utilità della piú ampia possibile partecipazione alla vita politica. Piú è ampia, meglio è: «Può darsi in effetti che i molti, pur non eccellenti se presi uno per uno, qualora si raccolgano insieme siano superiori a ciascuno di loro preso separatamente, come sono i banchetti preparati in comune rispetto a quelli allestiti da uno solo. In realtà, se sono molti, ciascuno porta una parte di virtú e di saggezza e, tutti insieme, diventano come un uomo con molti piedi, con molte mani, con molti sensi; cosí uniscono molte eccellenti doti di carattere e d'intelligenza».

È sufficiente questa analogia della vita politica con il banchetto preparato da tanti cuochi a sostenere la preferibilità del governo dei molti rispetto al governo dei pochi? Quest'idea può funzionare a condizione non solo che in tutti, uno per uno, ci sia una porzione di diversa virtú, da sommare alle altre porzioni che sono presso i propri simili, ma soprattutto a condizione che tutti siano disposti a riconoscere queste diversità come parti di una ricchezza comune, da valorizzare per il bene comune. Ma, se uno cucina in modo diverso da un altro, occorrerà scegliere una ricetta rispetto a un'altra. Come si sceglierà? Inevitabilmente, prevarrà la parte piú forte, la piú violenta o la parte piú numerosa. È forse questo il significato dell'enigmatica proposizione di Otane che già abbiamo incontrato: «nel molto è tutto» e, al contrario, «nel poco è il niente». Ma tutto ciò non ha a che vedere con la bontà dei piatti da servire a tavola. Forse, ai «tanti» sarebbero preferibili i cuochi eccellenti, inevitabilmente in numero minore di quelli mediocri o cattivi. Insomma, non c'è alcuna garanzia che la democrazia sia preferibile alle autocrazie dal punto di vista del buon governo, della eudemonia pubblica. Allora, perché la democrazia?

Suggerisco tre argomenti, autonomi e associabili.

Le deliberazioni prese con il contributo di tanti sono necessariamente meno facili, piú faticose, *pénibles* e, alla fine, stressanti di quelle prese da pochi o, a maggior ragione, da uno solo, sia esso un individuo o una compatta massa plebiscitante. Questo, tuttavia, per i «decisionisti» non è un argomento a favore della democrazia. Anzi, è un argomento contrario: lo scarso rendimento. Ma per coloro che sanno quali disastri possono produrre le decisioni politiche avventate, tanto piú in un'epoca come è la nostra, in cui i governi hanno in mano potenti strumenti di vita e di morte, l'inefficienza o, chiamiamola, prudenza, è certamente preferibile alla velocità e all'avventatezza. A maggior ragione, la diffidenza verso l'efficienza è giustificata di fronte ai tanti modi in cui le decisioni politiche cadono nelle mani di organizzazioni banditesche e criminali. Dove esiste qualche elemento di democrazia, esse incontrano almeno difficoltà a operare liberamente. All'argomento prudenziale può aggiungersi quello altruistico.

Solo in momenti eccezionali, il «momento democratico» si associa alla felicità individuale. Nella quotidianità, la *humana condicio* è la sopportazione dei pesi, dei dolori, della fatica. «Confrontiamoci insieme: non ricusiamo di portare quella parte che il destino ci ha stabilita, dei mali della nostra specie. Sí bene attendiamo a tenerci compagnia l'un l'altro; e andiamoci incoraggiando, e dando mano e soccorso scambievolmente; per compiere nel miglior modo questa fatica della vita». Sono le parole finali che Giacomo Leopardi mette sulla bocca di Plotino che le indirizza all'allievo Porfirio, tentato dal suicidio (*Operette morali*, XXII). Ecco, dunque: la democrazia è il modo per distribuire il peso dell'esistenza tra il maggior numero possibile degli esseri umani, rendendolo perciò sostenibile. Chi accetta la democrazia accetta la sua parte del peso complessivo del vivere in società; accetta la com-passione come humus del vivere con i propri simili. I gaudenti «leggeri di testa» non sapranno che farsene di questo argomento, preferendo la spensierata e futile ricerca della felicità individuale. Probabilmente i governi dispotici possono agevolarla, sollevandoli dalle responsabilità. La fuga dalle responsabilità è una tentazione costante, che diventa fortissima nei momenti di difficoltà in cui si prospetta l'esigenza di rinunce e sacrifici. Costoro saranno facilmente insensibili a questo argomento etico e, ancor piú facilmente, a quello morale.

Pensando e ripensando, l'argomento decisivo a favore della democrazia, mi pare di tipo morale: il rispetto di sé.

La democrazia è l'unica forma di reggimento politico che rispetta la mia dignità, mi riconosce capace di discutere e di decidere di me in quanto soggetto della vita pubblica. Tutti gli altri regimi non mi prestano questo riconoscimento e mi considerano indegno di autonomia fuori delle mie relazioni private. La democrazia è, tra tutti, l'unico regime della mia dignità di soggetto politico. Questo, forse, è l'argomento decisivo, l'argomento che non ammette replica. In teoria. Ma in pratica, nelle tante e difficili contingenze dalla vita, non siamo affatto sicuri che lo sia ogni volta. L'argomento morale si deve confrontare sempre, e massimamente nei momenti di difficoltà, con la propensione a *ruere in servitium*, a portare in dono ai potenti la nostra libertà in cambio di un poco di sicurezza.

Bibliografia

I titoli in bibliografia compaiono nell'ordine in cui sono presenti nel testo.

Nicola Lagioia, *Perché la democrazia non può fare a meno della letteratura.*

William Burroughs, *La macchina morbida*, trad. di K. Bagnoli, Adelphi, Milano 2003.

Graham Greene, *Il terzo uomo*, trad. di A. Carrera, Sellerio, Palermo 2021.

Fëdor Dostoevskij, *Delitto e castigo*, trad. di E. Guercetti, Einaudi, Torino 2015.

Iosif Brodskij, *Discorso allo stadio*, in Id., *Profilo di Clio*, trad. di A. Cattaneo, Adelphi, Milano 2003.

Carlo Levi, *L'orologio*, Einaudi, Torino 2014.

Leonardo Sciascia, *Todo modo*, Adelphi, Milano 2003.

Italo Calvino, *La giornata d'uno scrutatore*, Mondadori, Milano 2023 © Eredi Calvino e Arnoldo Mondadori Editore S.p.a., Milano.

Fëdor Dostoevskij, *I fratelli Karamazov*, trad. di A. Villa, Einaudi, Torino 2014.

Toni Morrison, *Amatissima*, trad. di F. Cavagnoli, Sperling & Kupfer, Milano 2013.

William Faulkner, *Assalonne, Assalonne!*, trad. di G. Cambon, Adelphi, Milano 2001.

Marilynne Robinson, *Gilead*, trad. di E. Kampmann, Einaudi, Torino 2017.

Marilynne Robinson, *Lila*, trad. di E. Kampmann, Einaudi, Torino 2017.

Milan Kundera, *Il libro del riso e dell'oblio*, trad. di A. Mura, Adelphi, Milano 1998.

Javier Cercas, *Anatomia di un istante*, trad. di P. Cacucci, Guanda, Milano 2017.

Beppe Fenoglio, *Una questione privata*, Einaudi, Torino 2022.

Beppe Fenoglio, *Il partigiano Johnny*, Einaudi, Torino 2012.

Thomas Mann, *La montagna incantata*, trad. di E. Pocar, Corbaccio, Milano 2022.

Elsa Morante, *La storia*, Einaudi, Torino 2014.

Primo Levi, *I sommersi e i salvati*, Einaudi, Torino 2014.

Jorge Luis Borges, *Elogio dell'ombra*, trad. di T. Scarano, Adelphi, Milano 2017.

Elena Cattaneo, *Il metodo della scienza per la democrazia.*

Santiago Ramón y Cajal, *Advice for a Young Investigator*, Mit Press, Cambridge (MA) 2004.

Elena Cattaneo, *Cara Rita, i tuoi studi continuano a ispirare nuove terapie*, in «La Stampa», 28 dicembre 2022.

Giorgio Boatti, *Preferirei di no. Le storie dei dodici professori che si opposero a Mussolini*, Einaudi, Torino 2017.

Rita Levi-Montalcini, *Elogio dell'imperfezione*, Baldini & Castoldi, Milano 2017.

Paolo Giordano, *100 anni di futuro*, intervista a Rita Levi-Montalcini, in «Wired», 1, marzo 2009.

Jacques Monod, *Per un'etica della conoscenza*, trad. di R. Bianchi Bandinelli, Bollati Boringhieri, Torino 1990.

Daniel Kahneman, *Pensieri lenti e veloci*, trad. di L. Serra, Mondadori, Milano 2012.

Marguerite Yourcenar, *Memorie di Adriano*, trad. di L. Storoni Mazzolari, Einaudi, Torino 2014.

James Thomson, *Embryonic Stem Cell Lines Derived from Human Blastocysts*, in «Science», 1998.

Gilberto Corbellini, *Scienza quindi democrazia*, Einaudi, Torino 2011.

Luciano Canfora, *L'articolo 3 di Aristotele*.

Albert Mathiez, *La Rivoluzione francese*, 3 voll., trad. di M. Bonfantini, Einaudi, Torino 1950.

Albert Mathiez, *La reazione termidoriana*, trad. di P. Serini, Einaudi, Torino 1950.

Ralph Korngold, *Robespierre e il Quarto Stato*, trad. di F. Papa, Einaudi, Torino 1947.

Alexis de Tocqueville, *L'antico regime e la rivoluzione*, trad. di G. Candeloro, Rizzoli, Milano 2010.

Luciano Canfora, *Totalità e selezione nella storiografia classica*, Laterza, Bari 1972.

Edward Hallett Carr, *Sei lezioni sulla storia*, trad. di C. Ginzburg e P. Arlorio, Einaudi, Torino 1966.

Isaac Deutscher, *Ironie della storia*, trad. di E. Pelitti, Longanesi, Milano 1972.

Ronald Syme, *La rivoluzione romana*, trad. di M. Manfredi, Einaudi, Torino 1962 (nuova ed. 2020).

Amartya Sen, *Le radici globali della democrazia*, in Id., *Identità e violenza*, trad. di F. Garimberti, Laterza, Roma-Bari 2006, pp. 52-62, in particolare p. 54.

John A. Hobson, *Il gingoismo*, trad. di R. Monteleone, Feltrinelli, Milano 1980.

Alexis de Tocqueville, *La democrazia in America*, a cura di C. Vivanti, trad. di A. Vivanti Salmon, Einaudi, Torino 2006.

Domenico Losurdo, *Democrazia o bonapartismo*, Bollati Boringhieri, Torino 1993.

Roberto Michels, *La sociologia del partito politico*, trad. di E. M. Forni, Oaks Editrice, Milano 2023.

Anna Foa, *Nel cuore di tenebra insieme a Primo Levi.*

Primo Levi, *Se questo è un uomo*, Einaudi, Torino 2014.

Bruno Piazza, *Perché gli altri dimenticano*, Feltrinelli, Milano 1956.

Giuliano Pajetta, *Mauthausen*, Picardi, Milano 1946.

Natalia Ginzburg, *Lessico famigliare*, Torino, Einaudi 2014.

Anna Frank, *Diario*, prefazione di N. Ginzburg, trad. di A. Vita, Einaudi, Torino 2015.

Henri Alleg, *La tortura*, introduzione di J.-P. Sartre, trad. di P. Spriano, Einaudi, Torino 2022.

Frantz Fanon, *I dannati della terra*, prefazione di J.-P. Sartre, trad. di C. Cignetti, a cura di L. Ellena, Einaudi, Torino 2007.

Frantz Fanon, *Pelle nera, maschere bianche*, trad. di S. Chiletti, Ets, Pisa 2015.

Jean-Paul Sartre, *L'antisemitismo. Riflessioni sulla questione ebraica*, trad. di I. Weiss, SE, Milano 2015.

Marcel Proust, *Alla ricerca del tempo perduto*, trad. di G. Raboni, Mondadori, Milano 2020.

Johan Huizinga, *L'Autunno del Medioevo*, a cura di F. Paris, Feltrinelli, Milano 2020.

Carlo Ginzburg, *I benandanti. Ricerche sulla stregoneria e sui culti agrari tra Cinquecento e Seicento*, Adelphi, Milano 2020.

Delio Cantimori, *Eretici italiani del Cinquecento. Ricerche storiche*, Einaudi, Torino 2009.

Friedrich Spee von Langenfeld, *Cautio Criminalis, ovvero processi contro le streghe*, a cura di A. Foa, Salerno Editrice, Roma 2004.

Giuseppe Mazzini, *Dei doveri dell'uomo*, Rizzoli, Milano 2010.

Ippolito Nievo, *Le Confessioni d'un Italiano*, Marsilio, Venezia 2022.

Stendhal, *La certosa di Parma*, trad. di M. Botto, Einaudi, Torino 2022.

Ada Gobetti, *Diario partigiano*, Einaudi, Torino 2014.

Renata Viganò, *L'Agnese va a morire*, Einaudi, Torino 2014.

Anna Bravo, Anna Maria Bruzzone, *In guerra senza armi*, Laterza, Roma-Bari 2000.

Luciana Nissim Momigliano, *Ricordi della casa dei morti e altri scritti*, a cura di A. Chiappano, Giuntina, Firenze 2008 (prima edizione Ramella, Torino 1946).

Giacomo Debenedetti, *16 ottobre 1943*, La nave di Teseo, Milano 2012.

Etty Hillesum, *Diario. Edizione integrale*, trad. di C. Passanti, T. Montrone, A. Vigliani, Adelphi, Milano 2012.

Etty Hillesum, *Lettere. Edizione integrale*, trad. di C. Passanti, T. Montrone, A. Vigliani, Adelphi, Milano 2013.

Etty Hillesum, *Quella notte ero all'inferno*, trad. di S. Musilli, Castelvecchi, Roma 2018.

Franco Basaglia, Franca Ongaro (a cura di), *L'istituzione negata*, Einaudi, Torino 1968.

Ugo Foscolo, *Ultime lettere di Jacopo Ortis*, Rizzoli, Milano 2013.

Carlo Levi, *Cristo si è fermato a Eboli*, Einaudi, Torino 2014.

Carlo Levi, *L'orologio*, Einaudi, Torino 2014.

Arthur Koestler, *Buio a mezzogiorno*, trad. di G. Monicelli, Mondadori, Milano 2010.

George Orwell, *Omaggio alla Catalogna*, trad. di M. Bocchiola, Guanda, Milano 2021.

Margarete Buber-Neumann, *Prigioniera di Stalin e di Hitler*, trad. di M. Margara, il Mulino, Bologna 1994.

Ignazio Silone, *Fontamara*, Mondadori, Milano 2007.

Altiero Spinelli, Ernesto Rossi, *Manifesto di Ventotene. Per un'Europa libera e unita*, prefazione di Eugenio Colorni, Mondadori, Milano 2017.

Primo Levi, *Il sommersi e i salvati*, Einaudi, Torino 2014.

Franz Werfel, *I quaranta giorni del Mussa Dagh*, prefazione di Antonia Arslan, trad. di C. Baseggio, Mondadori, Milano 2016.

Raphael Lemkin, *Axis Rule in Occupied Europe*, Columbia University Press, New York 1944.

Aldo Schiavone, *Da Hemingway a Marx. Bussole per un secolo in tempesta.*

Ernest Hemingway, *Per chi suona la campana*, trad. di M. Napolitano Martone, Mondadori, Milano 2016.

Benedetto Croce, *La storia come pensiero e come azione*, prefazione di Luciano Canfora, Laterza, Bari-Roma 2023.

Lucio Colletti, *Il marxismo e Hegel*, Laterza, Roma-Bari 1976.

Ernest Hemingway, *Addio alle armi*, trad. di F. Pivano, Mondadori, Milano 2016.

Paul Auster, *Ragazzo in fiamme. Vita e opere di Stephen Crane*, trad. di C. Mennella, Einaudi, Torino 2021.

Gustavo Zagrebelsky, *Sulla consuetudine costituzionale nella teoria delle fonti del diritto*, Utet, Torino 1970.

Piero Calamandrei, *Discorso sulla Costituzione e altri scritti*, La scuola di Pitagora, Napoli 2007.

Francesco De Sanctis, *Storia della letteratura italiana*, Utet, Torino 2017.

Francesco De Sanctis, *Saggi critici*, 3 voll., Laterza, Bari 1972.

Benedetto Croce, *Estetica*, a cura di G. Galasso, Adelphi, Milano 1990.

Benedetto Croce, *La poesia di Dante*, Trabant, Brindisi 2023.

Benedetto Croce, *Filosofia dello spirito*, Laterza, Bari 1965.

Georg Wilhelm Friedrich Hegel, *Fenomenologia dello spirito*, a cura di G. Garelli, Einaudi, Torino 2021.

Guido De Ruggiero, *Il ritorno alla ragione*, Rubbettino, Soveria Mannelli 2018.

Guido De Ruggiero, *Storia del liberalismo europeo*, Edizioni Società aperta, Sesto San Giovanni 2021.

Theodor W. Adorno, *Tre studi su Hegel*, trad. di F. Serra, il Mulino, Bologna 2014.

Karl Marx, Friedrich Engels, *L'ideologia tedesca*, trad. di F. Codino, Editori Riuniti, Roma 2018.

Karl Marx, *Manoscritti economico-filosofici del 1844*, trad. di N. Bobbio, Einaudi, Torino 2004.

Karl Marx, Friedrich Engels, *Il manifesto del Partito comunista*, trad. di P. Togliatti, Editori Riuniti, Roma 2018.

Karl Marx, *Per la critica dell'economia politica*, trad. di E. Cantimori Mezzomonti, Editori Riuniti, Roma 1973.

Karl Marx, Il *capitale. Libro primo*, trad. di D. Cantimori, Editori Riuniti, Roma 2017.

Karl Marx, *Lineamenti fondamentali di critica dell'economia politica (Grundrisse)*, a cura di M. Musto, Ets, Pisa 2015.

Biagio De Giovanni, *Hegel e il tempo storico della società borghese*, De Donato, Bari 1970.

Silvio Lanaro, *L'Italia nuova. Identità e sviluppo (1861-1988)*, Einaudi, Torino 1997.

François Furet, *Il passato di un'illusione. L'idea comunista nel XX secolo*, a cura di M. Valensise, Mondadori, Milano 1995.

Ray Kurzweil, *La singolarità è vicina*, trad. di V. B. Sala, Maggioli, Santarcangelo di Romagna 2014.

Jeremy Rifkin, *La terza rivoluzione industriale. Come il «potere laterale» sta trasformando l'energia, l'economia e il mondo*, trad. di P. Canton, Mondadori, Milano 2018.

Joseph E. Stiglitz, *La grande frattura. La disuguaglianza e i modi per sconfiggerla*, trad. di D. Cavallini e M. L. Chiesara, Einaudi, Torino 2017.

Alexis de Tocqueville, *La democrazia in America*, a cura di C. Vivanti, trad. di A. Vivanti Salmon, Einaudi, Torino 2006.

Marco Revelli, *L'educazione sentimentale tra Koestler e Calvino.*

Arthur Koestler, *Buio a mezzogiorno*, trad. di G. Monicelli, Mondadori, Milano 2010.

Giovanni Germanetto, *Memorie di un barbiere*, Edizioni di Rinascita, Roma 1954.

Primo Levi, *Se questo è un uomo*, Einaudi, Torino 2014.

Italo Calvino, *Il sentiero dei nidi di ragno*, Mondadori, Milano 2023 © Eredi Calvino e Arnoldo Mondadori Editore S.p.a., Milano.

Italo Calvino, *Ultimo viene il corvo*, Mondadori, Milano 2023 © Eredi Calvino e Arnoldo Mondadori Editore S.p.a., Milano.

Natalia Ginzburg, *Lessico famigliare*, Torino, Einaudi 2014.

Herman Melville, *Moby Dick*, trad. di C. Pavese, Adelphi, Milano 2012.

Mark Twain, *Le avventure di Tom Sawyer*, trad. di E. Giachino, Einaudi, Torino 2022.

Thomas Mann, *La montagna magica. La morte a Venezia*, trad. di R. Colorni ed E. Castellani, Mondadori, Milano 2024.

Fëdor Dostoevskij, *Delitto e castigo*, trad. di E. Guercetti, Einaudi, Torino 2015.

Sergio Solmi, Carlo Fruttero (a cura di), *Le meraviglie del possibile. Antologia della fantascienza*, Einaudi, Torino 2014.

Honoré de Balzac, *Gli allegri racconti. Tutto il teatro*, a cura di G. Nicoletti, Mursia, Milano 1961.

Guido Calogero, *Filosofia del dialogo*, Morcelliana, Brescia 2020.

Bertrand Russell, *Perché non sono cristiano*, trad. di T. Buratti Cantarelli, Tea, Milano 2003.

Piero Gobetti, *Scritti politici*, Einaudi, Torino 1997.

Giuseppe Prezzolini, *Gobetti e «La voce»*, Sansoni, Firenze 1971.

Piero Gobetti, *La tirannide*, in «La rivoluzione liberale», I, 33, 1922.

Piero Gobetti, *Questioni di tattica*, in «La rivoluzione liberale», II, 35, 1923.

Piero Gobetti, *Elogio della ghigliottina*, in «La rivoluzione liberale», I, 33, 1922.

Piero Gobetti, *La Rivoluzione Liberale*, Einaudi, Torino 2008.

Piero e Ada Gobetti, *Nella tua breve esistenza. Lettere 1918-1926*, Einaudi, Torino 2017, lettera di Piero ad Ada del 7 settembre 1920.

Norberto Bobbio, *Politica e cultura*, Einaudi, Torino 2013.

Norberto Bobbio, *Il problema della guerra e le vie della pace*, il Mulino, Bologna 1991.

Mario Tronti, *Operai e capitale*, Deriveapprodi, Bologna 2013.

Karl Marx, *Il capitale. Libro I capitolo VI inedito*, trad. di B. Maffi, La Nuova Italia, Firenze 1969.

Karl Marx, *Lineamenti fondamentali di critica dell'economia politica (Grundrisse)*, a cura di M. Musto, Ets, Pisa 2015.

Karl Marx, *Manoscritti economico-filosofici del 1844*, trad. di N. Bobbio, Einaudi, Torino 2004.

Karl Marx, Friedrich Engels, *L'ideologia tedesca*, trad. di F. Codino, Editori Riuniti, Roma 2018.

Rosa Luxemburg, *Scritti politici*, a cura di L. Basso, Editori Riuniti, Roma 2013.

Rosa Luxemburg, *Lettere di lotta e disperato amore. La corrispondenza con Leo Jogiches*, a cura di F. Tych e L. Basso, trad. di B. Norton, Feltrinelli, Milano 2019.

Joseph Roth, *Fuga senza fine. Una storia vera*, trad. di M. G. Manucci, Adelphi, Milano 1976.

Ulrich Beck, *La società del rischio. Verso una seconda modernità*, a cura di W. Privitera, Carocci, Roma 2013.

Hans Jonas, *Il concetto di Dio dopo Auschwitz*, a cura di A. Carlo, SE, Milano 2023.

Günther Anders, *L'uomo è antiquato*, trad. di L. Dallapiccola (vol. 1) e di M. A. Mori (vol. 2), Bollati Boringhieri, Torino 2007.

Hans Jonas, *Il principio responsabilità. Un'etica per la civiltà tecnologica*, a cura di P. P. Portinaro, trad. di P. Rinaudo, Einaudi, Torino 2009.

Serge Latouche, *Il pianeta dei naufraghi. Saggio sul doposviluppo*, trad. di A. Salsano e F. Grillenzoni, Bollati Boringhieri, Torino 2017.

Corrado Stajano, *Sconfitti*, Il Saggiatore, Milano 2021.

Franco Cardini, *Alla ricerca della ragione nascosta con Lévi-Strauss e papa Francesco.*

Ernest Hemingway, *Il vecchio e il mare*, trad. di S. Pareschi, Mondadori, Milano 2021.

Giuseppe Tomasi di Lampedusa, *Il Gattopardo*, Feltrinelli, Milano 2018.

Michail Bulgakov, *Il maestro e Margherita*, trad. di V. Dridso, Einaudi, Torino 2014.

Ferenc Körmendi, *Peccatori*, trad. di S. Gigante, Bompiani, Milano 1946.

Le mille e una notte, a cura di Francesco Gabrieli, con uno scritto di Tahar Ben Jelloun, nota di I. Zilio-Grandi, Einaudi, Torino 2017.

Hans Christian Andersen, *Le fiabe*, presentazione di Gianni Rodari, trad. di A. Manghi e M. Rinaldi, Einaudi, Torino 2017.

Michail Šolochov, *Il placido Don*, 4 voll., trad. di N. Bavastro, Garzanti, Milano 1965.

Joseph Roth, *La marcia di Radetzky,* trad. di U. Colla, Rizzoli, Milano 2011.

Joseph Roth, *La Cripta dei Cappuccini*, trad. di L. Terreni, Adelphi, Milano 1989.

Federico García Lorca, *Romancero gitano*, a cura di V. Nardoni, Passigli, Firenze 2020.

Pier Paolo Pasolini, *Poesia in forma di rosa*, Garzanti, Milano 2015.

Pier Paolo Pasolini, *Le ceneri di Gramsci*, Garzanti, Milano 2015.

Marco Tangheroni, *Cristianità, modernità, rivoluzione. Appunti di uno storico fra mestiere e impegno civico-culturale,* SugarCo, Milano 2009.

Davide Bigalli, *Il ritorno del re. Artú, Sebastiano e Ras Tafari*, Bevivino Editore, Milano 2010.

Davide Bigalli, *Un'altra modernità*, Bietti, Milano 2013.

Marco Tarchi, *Contro l'americanismo*, Laterza, Roma-Bari 2004.

Marco Tarchi, *La rivoluzione impossibile. Dai Campi Hobbit alla Nuova Destra*, Vallecchi, Firenze 2010.

Luciano Lanna, Filippo Rossi, *Fascisti immaginari,* Vallecchi, Firenze 2003.

J. R. R. Tolkien, *Il Signore degli Anelli*, trad. di O. Fatica, Bompiani, Milano 2020.

Luciano Canfora, *La democrazia. Storia di un'ideologia*, Laterza, Roma-Bari 2004.

Alieto Pieri, *Non parlerò degli dèi*, Le Lettere, Milano 2003.

Jack Goody, *Il furto della storia*, trad. di A. Bottini, Feltrinelli, Milano 2008.

Amartya Sen, *La democrazia degli altri. Perché la libertà non è un'invenzione dell'Occidente*, trad. di A. Piccato, Mondadori, Milano 2004.

Arnold J. Toynbee, *Il mondo e l'Occidente*, trad. di G. Cambon, Sellerio, Palermo 1992.

Noam Chomsky, *Chi sono i padroni del mondo*, trad. di V. Nicoli, Ponte alle Grazie, Milano 2007.

Franco Cardini, *La deriva dell'Occidente*, Laterza, Bari-Roma 2023.

Amin Maalouf, *Il labirinto degli smarriti. L'Occidente e i suoi avversari*, trad. di A. M. Lorusso, La nave di Teseo, Milano 2024.

Emmanuel Todd, *La défaite de l'Occident*, Gallimard, Paris 2024.

Zygmunt Bauman, *Modernità liquida*, trad. di S. Minucci, Laterza, Roma-Bari 2003.

Papa Francesco, *Laudato si'. Lettera enciclica sulla cura della casa comune*, Edizioni Paoline, Roma 2015.

Franco Cardini, *Un uomo di nome Francesco,* Mondadori, Milano 2015.

Gustavo Zagrebelsky, *Il mutamento genetico della democrazia.*

In questa *Nota bibliografica* sono contenute indicazioni di alcuni recenti titoli di letture rilevanti per i problemi attuali della democrazia, oltre ai titoli citati nel testo. Un insieme vario ed eterogeneo, talora a favore ma talaltra contro la democrazia, talora speranzose sul suo futuro ma talaltra scettiche: le seconde spesso piú interessanti delle prime. Si omettono qui i riferimenti classici, ovvi e superflui: Erodoto, Platone, Polibio, de Maistre, Donoso Cortés, Tocqueville, per dire solo qualche nome.

Aristotele, *Politica*, trad. di R. Laurenti, Laterza, Bari-Roma 2019.

Giuseppe Berta, *Oligarchie. Il mondo nelle mani di pochi*, il Mulino, Bologna 2014.

Norberto Bobbio, *Il futuro della democrazia*, Einaudi, Torino 2014.

Norberto Bobbio, *Democrazia*, in Id., *Etica e politica. Scritti di impegno civile*, Mondadori, Milano 2009.

Ernst-Wolfgang Böckenförde, *La nascita dello Stato come processo di secolarizzazione* (1967), in Id., *Diritto e secolarizzazione. Dallo Stato moderno all'Europa unita*, trad. di M. Carpitella, Laterza, Roma-Bari 2007.

Michelangelo Bovero, *Contro il governo dei peggiori: una grammatica della democrazia*, Laterza, Roma-Bari 2000.

Jason Brennan, *Contro la democrazia*, trad. di R. Bitetti e F. Morganti, Luiss University Press, Roma 2018.

Luciano Canfora, in Id., G. Zagrebelsky, *La maschera democratica dell'oligarchia*, Laterza, Roma-Bari 2014.

Sabino Cassese, *La democrazia e i suoi limiti*, Mondadori, Milano 2017.

Adriana Cavarero, *Democrazia sorgiva*, Raffaello Cortina, Milano 2019.

Bernard Crick, *In Defence of Politics*, University of Chicago Press, Chicago 2010.

Alain Deneault, *Governance. Il management totalitario*, trad. di A. Folin, Beat, Milano 2023.

Luigi Einaudi, *Il buongoverno. Saggi di economia e politica*, Laterza, Roma-Bari 2012, in particolare pp. 92-112.

Roberto Esposito, *Dieci pensieri sulla politica*, il Mulino, Bologna 2011, pp.55-78.

Joseph L. Fischer, *La crisi della democrazia*, trad. di S. Corduas, Einaudi, Torino 1997.

Paolo Flores d'Arcais, *Democrazia! Libertà privata e libertà in rivolta*, add editore, Torino 2012.

Francis Fukuyama, *La fine della storia e l'ultimo uomo*, trad. di D. Ceni, Utet, Torino 2020.

Carlo Galli, *Democrazia, ultimo atto?*, Einaudi, Torino 2023.

Luciano Gallino, *Finanzcapitalismo. La civiltà del denaro in crisi*, Einaudi, Torino 2011.

Emilio Gentile, *«In democrazia il popolo è sempre sovrano» (Falso!)*, Laterza, Bari-Roma 2016.

Hans Kelsen, *La democrazia*, trad. di M. Barberis, il Mulino, Bologna 1984.

Hans Kelsen, *Due saggi sulla democrazia in difficoltà (1920-1925)*, a cura di M. G. Losano, Aragno Editore, Torino, 2018.

Erich Küchenhoff, *Möglichkeiten und Grenzen begrifflicher Klarheit in der Staatsformenlehre*, Duncker & Humblot, Berlin 1967.

Juan J. Linz, Paolo Farneti, Mario Rainer Lepsius, *La caduta dei regimi democratici*, trad. di M. Cotta, il Mulino, Bologna 1982.

Massimo Luciani, *La democrazia alla fine del secolo*, Laterza, Roma-Bari 1994.

Ezio Mauro, in Id., Gustavo Zagrebelsky, *La felicità della democrazia. Un dialogo*, Laterza, Roma-Bari 2012.

Roberto Michels, *La sociologia del partito politico*, trad. di E. M. Forni, Oaks Editrice, Milano 2022.

Gaetano Mosca, *Teorica dei governi e governo parlamentare,* Utet, Torino 1982.

Piergiorgio Odifreddi, *La democrazia non esiste*, Rizzoli, Milano 2018.

Pier Paolo Portinaro (a cura di), *L'interesse dei pochi, le ragioni dei molti. Le letture di Biennale Democrazia*, Einaudi, Torino 2011.

Marco Revelli, *«Democrazia», parola a rischio. Da cittadini a spettatori,* in Id., *Controcanto,* Chiarelettere, Milano 2010, pp. 146 sgg.

Jean-Jacques Rousseau, *Il contratto sociale*, trad. di J. Bertolazzi, Feltrinelli, Milano 2014.

Edoardo Ruffini, *Il principio maggioritario. Profilo storico*, Adelphi, Milano 1976.

Gaetano Salvemini, *Sulla democrazia*, Bollati Boringhieri, Torino 2007.

Giovanni Sartori, *Democrazia e definizioni*, il Mulino, Bologna 1987.

Franco Sbarberi, *L'utopia della libertà eguale. Il liberalismo sociale da Rosselli a Bobbio*, Bollati Boringhieri, Torino 1999.

Amartya Sen, *La democrazia degli altri. Perché la libertà non è un'invenzione dell'Occidente*, trad. di A. Piccato, Mondadori, Milano 2004.

Ugo Spirito, *Critica della democrazia*, Rubbettino, Soveria Mannelli 2008.

Desmond Tutu, *Non c'è futuro senza perdono*, trad. di E. Dornetti, Feltrinelli, Milano 2001.

Charles Tilly, *La democrazia*, trad. di A. Locatelli, il Mulino, Bologna 2007.

Nadia Urbinati, *Individualismo democratico*, Donzelli, Roma 2009.

Gustavo Zagrebelsky, *Il «crucifige!» e la democrazia*, Einaudi, Torino 2007.

Indici

Indice dei nomi

Indice

Questo libro è stampato su carta contenente fibre certificate FSC®
e con fibre provenienti da altre fonti controllate.

FSC
www.fsc.org
MISTO
Carta da fonti gestite
in maniera responsabile
FSC® C115118

Stampato per conto della Casa editrice Einaudi
presso ELCOGRAF S.p.A. - Stabilimento di Cles (Tn)
nel mese di aprile 2024

C.L. 26391

Edizione						Anno			
1	2	3	4	5	6	2024	2025	2026	2027